AF344990

BIBLIOTECA DE DERECHO ADMINISTRATIVO

Luigi Garofalo
(Director)

Carlos Antonio Agurto Gonzáles
Sonia Lidia Quequejana Mamani
Benigno Choque Cuenca
(Coordinadores Generales)

COLECCIÓN ALLAN R. BREWER-CARÍAS

**ALLAN R. BREWER-CARÍAS**
Profesor emérito
Universidad Central de Venezuela

# DERECHO A LA DEMOCRACIA
# Y REELECCIÓN PRESIDENCIAL INDEFINIDA
## TRES ESTUDIOS

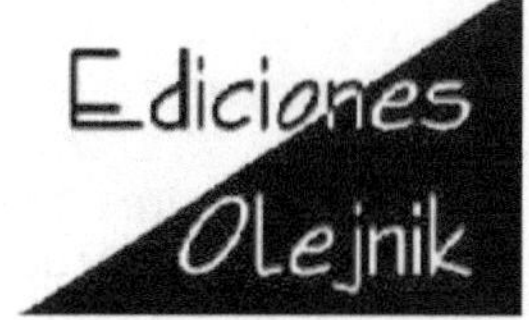

Título: Derecho a la democracia y reelección presidencial indefinida. Tres estudios

©    Allan R. Brewer-Carías

©    Ediciones Olejnik
     Huérfanos 611, Santiago - Chile
     E-mail: contacto@edicionesolejnik.com
     Web site: http://www.edicionesolejnik.com

Primera edición en Ediciones Olejnik: 2021

ISBN: 978-956-407-015-5

Diseño de Carátula: Ena Zuñiga
Diagramación: Luis A. Sierra Cárdenas



La primera edición de Ediciones Olejnik fue impresa en Argentina, 2021

La reimpresión en coedición entre Ediciones Olejnik y Editorial Jurídica Venezolana fue impresa por Lightning Source, an Ingram Company, para Editorial Jurídica International Inc., 2021

# ÍNDICE


NOTA DEL AUTOR ........................................................................ 11

PRIMERA PARTE

ALGO SOBRE LAS NUEVAS TENDENCIAS
DEL DERECHO CONSTITUCIONAL:
EL RECONOCIMIENTO DEL DERECHO
A LA CONSTITUCIÓN Y DEL DERECHO
A LA DEMOCRACIA
(2007)

I.   EL DERECHO A LA CONSTITUCIÓN Y A SU SUPREMACÍA ........ 16
II.  DERECHO A LA DEMOCRACIA ..................................................... 24
     1.  El derecho a la separación de poderes ................................. 27
     2.  El derecho a la distribución vertical del poder (a la
         descentralización) para el ejercicio del derecho a la
         participación ....................................................................... 32
     3.  El derecho a la alternabilidad republicana como principio
         pétreo en la Constitución .................................................... 38
     4.  El derecho al pluralismo político y a la libre participación
         en los asuntos públicos ....................................................... 40
     5.  El derecho ciudadano a la buena administración, a la
         transparencia gubernamental y a la redición de cuentas ............. 41
     6.  El derecho a la tutela judicial efectiva ................................ 42
REFLEXIÓN FINAL ........................................................................ 46

SEGUNDA PARTE

EL DERECHO POLÍTIO A LA ALTERNABILIDAD REPUBLICANA
O DERECHO A LA NO REELECCIÓN INDEFINIDA,
COMO CLÁUSULA PÉTREA CONSTITUCIONAL
(2011)

I.   EL PRINCIPIO DE LA ALTERNABILIDAD REPUBLICANA
     FRENTE AL CONTINUÍSMO COMO CLÁUSULA
     CONSTITUCIONAL PÉTREA ............................................................. 49

II.   LA CONSECUENCIA DEL PRINCIPIO DE LA
      ALTERNABILIDAD REPUBLICANA: LAS LIMITACIONES
      A LA REELECCIÓN .................................................................... 52
III.  EL COMIENZO DEL PROCESO DE MUTACIÓN
      CONSTITUCIONAL: LA DESPETRIFICACIÓN DEL PRINCIPIO
      DE LA ALTERNABILIDAD REPUBLICANA PARA JUSTIFICAR
      LA REELECCIÓN ILIMITADA .................................................. 56
IV.   EL INTENTO DE REFORMA CONSTITUCIONAL DE 2007 PARA
      ESTABLECER LA REELECCIÓN PRESIDIENCIAL INDEFINIDA
      Y SU RECHAZO POPULAR ...................................................... 63
V.    LA ENMIENDA CONSTITUCIONAL DE 2009 ESTABLECIENDO
      LA REELECCIÓN INDEFINIDA DE TODOS LOS CARGOS DE
      ELECCIÓN POPULAR ................................................................ 65
VI.   LA MUTACIÓN CONSTITUCIONAL DEL PRINCIPIO
      DE LA ALTERNABLIDAD MEDIANTE EL VACIAMIENTO
      JUDICIAL DE SU CONTENIDO ............................................... 67

TERCERA PARTE

EL DILEMA ENTRE EL DERECHO COLECTIVO A LA DEMOCRACIA
Y EL DERECHO INDIVIDUAL LA REELECCIÓN PRESIDENCIAL
EN AMÉRICA LATINA Y EL ROL DEL JUEZ CONSTITUCIONAL
(2019)

I.    SOBRE LA SUPREMACÍA CONSTITUCIONAL Y JURISDICCIÓN
      CONSTITUCIONAL ................................................................... 71
II.   LA JUSTICIA CONSTITUCIONAL COMO GARANTÍA DE LOS
      DERECHOS CIUDADANOS A LA SUPREMACÍA DE LA
      CONSTITUCIÓN Y A LA DEMOCRACIA ................................ 75
III.  LA GARANTÍA DE LOS PRINCIPIOS DEMOCRÁ-TICOS EN EL
      ESTADO CONSTITUCIONAL .................................................. 79
IV.   LA DEMOCRACIA, ENTRE LOS DERECHOS POLÍTICOS
      INDIVIDUALES A ELEGIR Y SER ELECTO, Y EL DERECHO
      COLECTIVO A LA ALTERNABILIDAD REPUBLICANA ......... 81
V.    EL PRECEDENTE SENTADO POR LA SUPREMA CORTE
      DE JUSTICIA DE ARGENTINA RECHAZANDO LA SUPUESTA
      PREVALENCIA DEL DERECHO A LA REELECCION SOBRE
      LA ALTERNABILIDAD EN 1994 ............................................... 85
VI.   EL EJEMPLO DE LA CORTE CONSTITUCIONAL DE
      COLOMBIA: LA PREVALENCIA DEL PRINCIPIO DE LA
      ALTERNACIÓN EN EL EJERCICIO DEL PODER ANTE LA
      REELECCIÓN PRESIDENCIAL (2010) ....................................... 86
VII.  EL CONTRASTE DE LA CORTE CONSTITUCIONAL DE
      ECUADOR, IGNORANDO EL PRINCIPIO DE LA ALTERNANCIA
      EN EL EJERCICIO DEL PODER ANTE LA REELECCIÓN
      PRESIDENCIAL (2014) ............................................................... 89

VIII. EL CASO DE COSTA RICA, O DE CÓMO EL JUEZ
      CONSTITUCIONAL EVADIÓ LA DISCUSIÓN SOBRE EL
      SUPUESTO DERECHO POLÍTICO A LA REELECCIÓN (2003) ........ 92
IX.   EL CASO DE VENEZUELA, O DE CÓMO EL JUEZ
      CONSTITUCIONAL DESCONOCIÓ EL PRINCIPIO PÉTREO
      A LA ALTERNABILIDAD REPUBLICANA (2009) ............................ 95
X.    EL CASO DE NICARAGUA O DE CÓMO EL JUEZ
      CONSTITUCIONAL DECLARÓ «INCONSTITUCIONAL»
      NORMAS DE LA CONSTITUCIÓN (2009) ...................................... 98
XI.   EL CASO DE HONDURAS O DE CÓMO EL JUEZ
      CONSTITUCIONAL DESAPLICÓ LA CONSTITUCIÓN
      IGNORANDO LA EXISTENCIA DEL DERECHO COLECTIVO
      A LA ALTERNABILIDAD (2015) ...................................................... 101
XII.  EL CASO DE BOLIVIA Y EL SUPUESTO «DERECHO HUMANO
      A LA REELECCIÓN» PRESIDENCIAL DECREADO POR EL
      TRIBUNAL CONSTITUCIONAL PLURINACIONAL (2015) ............. 109
REFLEXIÓN FINAL ................................................................................. 119

LA REELECCIÓN PRESIDENCIAL INDEFINIDA ES CONTRARIA A LA
CONVENCIÓN AMERICANA DE DERECHOS HUMANOS Y A LA CARTA
DEMOCRÁTICA INTERAMERICANA
"Resumen Oficial" de la Opinión Consultiva No. 28 de la Corte
Interamericana de Derechos Humanos de fecha 7 de junio de 202
en respuesta a la consulta realizada por la República de Colombia
sobre «la figura de la reelección presidencial indefinida en el contexto
del Sistema Interamericano de Derechos Humanos»
................................................................................................................. 121

# NOTA DEL AUTOR

En el mundo contemporáneo, además de los derechos políticos individuales declarados en las Constituciones y en los Tratados Internacionales sobre Derechos Humanos (como son los derechos políticos al sufragio, a ser electo, a ejercer cargos públicos, a asociarse en partidos políticos o a manifestar), los ciudadanos tienen otros derechos políticos fundamentales, de carácter colectivo, que derivan de la esencia del Estado de derecho, y que son el derecho a la Constitución y el derecho a la democracia.

En cuanto al derecho a la Constitución, el mismo implica que todos los ciudadanos tienen un derecho fundamental a que la misma se respete como ley suprema, particularmente por los gobernantes, siendo su garantía, los muy variados sistemas de justicia constitucional que se establecen en las propias Constituciones.

En cuanto al derecho a la democracia, el mismo implica que los ciudadanos tienen derecho a que la misma, como régimen político, funcione efectivamente para garantizar que se respeten los derechos humanos y las libertades fundamentales; para que se asegure el acceso al poder y su ejercicio con sujeción al Estado de derecho; para que ello se haga mediante representantes electos en elecciones periódicas, libres, justas y basadas en el sufragio universal y secreto, como expresión de la soberanía del pueblo; para que se garantice la alternancia en el ejercicio del poder, y se evite el continuismo; para que funcione un régimen plural de partidos políticas; y para que exista efectivamente un sistema de separación e independencia de los poderes que permita el control efectivo del poder.

En el ejercicio de tales derechos políticos, individuales y colectivos, sin duda, pueden surgir situaciones de conflicto entre ellos, en cuyo caso, el intérprete y, específicamente, los órganos judiciales, como en todo caso de conflicto entre el ejercicio de derechos diferentes, deben establecer la debida ponderación entre los mismos y determinar cuál debe prevalecer sobre el otro en un momento y en una circunstancia determinadas.

Esa es la situación que se ha planteado, precisamente, y es de lo que trata este libro, entre el ejercicio del derecho político colectivo a la democracia y a la alternabilidad republicana, y el ejercicio del derecho político individual de una persona a ser reelecta, lo que ha exigido determinar si las restricciones impuestas en las Constituciones a la reelección presidencial son o no legítimas y aceptables en una sociedad democrática. El tema ha sido objeto de importantes y contradictorias decisiones por parte de Jueces Constitucionales latinoamericanos, todas las cuales se analizan en el libro, en el cual s recogen tres estudios sobre estos temas, elaborados en ocasiones distintas y por agregaciones sucesivas.

El primero es el estudio, entre las nuevas tendencias del derecho constitucional, sobre sobre el reconocimiento del derecho a la Constitución y del derecho a la democracia, que fue publicado en el libro: *Grandes temas para un observatorio electoral ciudadano, Tomo I, Democracia: retos y fundamentos,* (*Compiladora Nuria González Martín*), Instituto Electoral del Distrito Federal, México 2007 (pp. 171-220), y para cuya elaboración partí de lo inicialmente expresadas en el Prólogo al libro del profesor Asdrúbal Aguiar, *El derecho a la democracia. La democracia en el derecho y la jurisprudencia interamericanos. La libertad de expresión, piedra angular de la democracia,* Colección Estudios Jurídicos No 87, Editorial Jurídica Venezolana, Caracas 2008 (pp. 17-37).

El segundo, es el estudio sobre el derecho político a la alternabilidad republicana, que implica el derecho de todos los ciudadanos a la «no» reelección indefinida de los gobernantes, consagrado incluso como cláusula pétrea en muchas constituciones, y que fue presentado en el *Seminario Internacional sobre reelección del titular del Poder Ejecutivo en las Américas*, organizado por el Instituto de Investigaciones Jurídicas de la UNAM, la Universidad Externado de Colombia, y la Fundación Konrad Adenauer, en Bogotá, 12-15 de abril de 2011.

Y el tercero, es el estudio sobre el dilema entre el derecho colectivo a la democracia y el derecho individual la reelección presidencial en América Latina y el rol del Juez Constitucional, que tiene su origen en el texto del estudio sobre «El Juez Constitucional y la Reelección Presidencial en América Latina», preparado para la *Obra Homenaje al Magistrado Milton Ray Guevara*, Santo Domingo, 2019; y en las ideas expuestas en la Conferencia sobre «Jurisdicción constitucional en el contexto latinoamericano y democracia: El rol del Juez Constitucional en el dilema entre el derecho a la democracia y la reelección presidencial», que dicté en el *Seminario Trigésimo Aniversario de la creación de la Sala Constitucional de la Corte Suprema de Justicia*, San José, Cota Rica, 5-27 de septiembre de 2019.

En este último este último trabajo, en el cual hago referencia a las decisiones adoptadas sobre el tema, con resultados no siempre convergentes, por los Jueces Constitucionales en República Dominicana, Argentina, Colombia, Ecuador, Costa Rica, Venezuela, Nicaragua, Honduras y Bolivia, y en el cual hago énfasis en la prevalencia del derecho a la democracia, y específicamente, del derecho a la democracia representativa sobre un pretendido e inexistente "derecho" de determinados individuos de reelegirse indefinidamente en el ejercicio de la presidencia de la República, me sirvió de base, además, para la redacción de la Opinión que envié el 18 de febrero de 2020, como Amicus Curia, ante la Corte Interamericana de Derechos Humano con ocasión del procedimiento que se desarrolló para responder a la solicitud de Opinión Consultiva formulada el 21 de Octubre 2019, en nombre de la República de Colombia, por el Sr. Carlos Holmes Trujillo, Ministro de Relaciones Exteriores de la misma, sobre "La figura de la Reelección Presidencial Indefinida en el contexto del Sistema Interamericano de Derechos Humanos."

Con fecha 7 de junio de 2021, contestando dicha solicitud, la Corte Interamericana de derechos Humanos dictó la Opinión Consultiva No. 28 (cuyo Resumen Oficial se publica en el Apéndice de este libro), en la cual, coincidente con los argumentos que expuse en los Estudios aquí publicados, en esencia resolvió lo siguiente:

Primero que, conforme a la Carta Democrática Interamericana, "el ejercicio efectivo de la democracia representativa es la base del Estado de Derecho y de los regímenes constitucionales de los Estados Miembros de la Organización de los Estados Americanos," (art. 2), (par. 54); resultando de la misma que "el principio democrático inspira, irradia y guía la aplicación de la Convención Americana de forma transversal," constituyendo "tanto un principio rector como una pauta interpretativa" (par. 56).

Segundo, que "la realización de elecciones para escoger a los representantes del pueblo es uno de los fundamentos principales de las democracias representativas," y resultado de la obligación de los Estados de "celebrar elecciones periódicas" lo que "implica indirectamente que los mandatos de cargos de la Presidencia de la República deben tener un período fijo" (par. 72)

Tercero que dicha "prohibición de mandatos indefinidos busca evitar que las personas que ejercen cargos por elección popular se perpetúen en el ejercicio del poder," razón por la cual "la democracia representativa se caracteriza por que el pueblo ejerce el poder mediante sus representantes establecidos por la Constitución, los cuales son elegidos en elecciones universales (par. 73)".

Cuarto, que "la perpetuación de una persona en el ejercicio de un cargo público conlleva al riesgo de que el pueblo deje de ser debidamente representado por sus elegidos, y  que el sistema de gobierno se asemeje más a una autocracia que a una democracia. Esto puede suceder incluso existiendo elecciones periódicas y límites temporales para los mandatos" (par. 73). Por ello, "los principios de la democracia representativa que fundan el sistema interamericano incluyen la obligación de evitar que una persona se perpetúe en el poder" (par 75).

Quinto, que "la prohibición de la reelección presidencial indefinida tiene una finalidad acorde con el artículo 32 de la Convención, ya que busca garantizar la democracia representativa, sirviendo como salvaguardia de los elementos esenciales de la democracia establecidos en el artículo 3 de la Carta Democrática Interamericana. En particular, la prohibición de la reelección presidencial indefinida busca evitar que una persona se perpetúe en el poder, y, de este modo, asegurar el pluralismo político, la alternancia en el poder, así como proteger el sistema de frenos y contrapesos que garantizan la separación de poderes (supra párrs. 43 a 85). Al ser la democracia representativa uno de los principios sobre los cuales se funda el sistema interamericano, las medidas que se tomen para garantizarla tienen una finalidad legítima de acuerdo a la Convención" (pár. 119).

Y Sexto, que "tomando en cuenta la concentración de poderes que tiene la figura del Presidente en un sistema presidencial, la restricción de la posibilidad de reelección indefinida es una medida idónea para asegurar que una persona no se perpetúe en el poder y que, de esta forma, no resulten afectados los principios constitutivos de una democracia representativa" (par. 120).

Setiembre de 2021

# PRIMERA PARTE

## ALGO SOBRE LAS NUEVAS TENDENCIAS DEL DERECHO CONSTITUCIONAL: EL RECONOCIMIENTO DEL DERECHO A LA CONSTITUCIÓN Y DEL DERECHO A LA DEMOCRACIA[*] (2007)

Si algo caracteriza el derecho constitucional contemporáneo, ha sido la progresiva ampliación del contenido de las declaraciones de derechos fundamentales, tanto en el ámbito interno como en el ámbito internacional, de manera que en las Constituciones y en los Tratados internacionales, además de los clásicos derechos civiles y políticos se han venido enumerando, los derechos sociales, culturales, económicos, ambientales y de los pueblos indígenas, todos con posibilidad de ser justiciables.

Durante los últimos sesenta años, por tanto, la más marcada tendencia del derecho constitucional fue el desarrollo de los mecanismos de protección de los derechos humanos, por una parte, con el proceso de internacionalización del régimen de los mismos, que comenzó después de la segunda guerra mundial y que en nuestro Continente americano culminó con la Convención Americana de Derechos Humanos; y por la otra, con el subsiguiente proceso de constitucionalización de dicha internacionalización, con lo cual, incluso, las previsiones de los tratados internacionales llegaron en algunos casos a prevalecer sobre las normas de las propias Constituciones[1].

En el Siglo XXI, también en relación con los derechos fundamentales, puede decirse que igualmente se han venido delineando nuevas tendencias

---


[*]   Texto publicado en el libro: *Grandes temas para un observatorio electoral ciudadano, Tomo I, Democracia: retos y fundamentos, (Compiladora Nuria González Martín)*, Instituto Electoral del Distrito Federal, México 2007, pp. 171-220. Ideas de este trabajo las incluí en el Prólogo al libro de Asdrúbal Aguiar, *El derecho a la democracia. La democracia en el derecho y la jurisprudencia interamericanos. La libertad de expresión, piedra angular de la democracia*, Colección Estudios Jurídicos No 87, Editorial Jurídica Venezolana, Caracas 2008, pp. 17-37.


[1]   Allan R. Brewer-Carías, *Mecanismos nacionales de protección de los derechos humanos (Garantías judiciales de los derechos humanos en el derecho constitucional comparado latinoamericano)*, Instituto Interamericano de Derechos Humanos, San José, 2005, 61 ss.

del derecho constitucional signadas por la progresión en materia de derechos humanos, con marcada tendencia hacia la identificación de derechos vinculados con los más esenciales principios clásicos del constitucionalismo, como es la idea misma de Constitución como norma suprema y el régimen político democrático que tiende a consolidarse, a pesar de que no hayan dejado de aparecer regímenes autoritarios constituidos, precisamente, en fraude a la Constitución y a la democracia.

Ha sido precisamente el afianzamiento progresivo del Estado Constitucional y Democrático de derecho durante las últimas décadas del Siglo XX, el que ha permitido que en estos inicios del Siglo XXI se comiencen a identificar otros derechos constitucionales específicos que derivan de su propia concepción, como son, precisamente, el derecho a la Constitución como norma suprema, y el derecho a la democracia como régimen político.

Ambos se refieren a principios fundamentales del constitucionalismo moderno, los cuales generalmente se analizan en sí mismos sin destacar su relación íntima y esencial con los ciudadanos. Sólo en forma indirecta la Constitución y la democracia se vinculan al ciudadano, por ejemplo, cuando se habla, por una parte, de las garantías constitucionales o del derecho ciudadano a la tutela judicial efectiva, y por la otra, del derecho ciudadano al sufragio, a la participación política o a la asociación en partidos políticos.

Sin embargo, además de esos derechos constitucionales individualizados que sin duda tienen que ver, los primeros con la Constitución, y los segundos, con el régimen democrático, los mismos han venido evolucionando de manera que hoy podamos hablar, además de los derechos constitucionales específicos antes mencionados, de que hay un derecho ciudadano a la Constitución, y además, de que también hay un derecho ciudadano a la democracia, que a su vez origina otros derechos políticos específicos vinculados a sus elementos y componentes esenciales. Es a esta tendencia a la cual quiero referirme en estas notas, como aspectos precisamente de las nuevas tendencias del derecho constitucional en estos principios del Siglo XXI.

## I.   EL DERECHO A LA CONSTITUCIÓN Y A SU SUPREMACÍA

En primer lugar, *el derecho a la Constitución*[2], considerada ésta como ley suprema, que en el marco del constitucionalismo moderno necesariamente tiene que ser adoptada por el pueblo, es decir, debe ser la manifestación de la voluntad popular y no un documento otorgado por algún monarca o autócrata, tal como se derivó de la Revolución Norteamericana de 1776 y de la Revolución Francesa de 1789.[3]

---

[2]   Allan R. Brewer-Carías, «Prólogo sobre el derecho ciudadano a la Constitución» al libro de Johann Newton López, *La Constitución. Un Pacto Social*, República Dominicana, 2008.

[3]   Allan R. Brewer-Carías, *Reflexiones sobre la Revolución Americana (1776) y la Revolución Francesa (1789) y sus aportes al constitucionalismo moderno*, (Cuadernos de la Cátedra Allan R. Brewer Carías de Derecho Administrativo, Universidad Católica Andrés Bello, N° 1, (Editorial Jurídica Venezolana, Caracas 1992).

Sin embargo, para que esa Constitución sea efectivamente la ley suprema de una sociedad en un momento dado de su historia, es indispensable que sea realmente el producto de esa misma sociedad, globalmente considerada, como resultado de la manifestación de la voluntad popular, sin imposiciones externas ni internas. Las Constituciones impuestas por una fuerza invasora o por un grupo político al resto de los integrantes de la sociedad, salvo excepciones contadas, no sólo tienen una precaria supremacía, sino una duración limitada, generalmente ligada a la presencia efectiva en el poder del grupo foráneo o nacional que la impuso. La Sala Constitucional del Tribunal Supremo de Justicia de Venezuela, en este sentido, cuando todavía no se había convertido en un lamentable instrumento del autoritarismo,[4] destacó en una sentencia del 9 de noviembre de 2000 lo que consideró un «hecho fundamental» aunque no siempre «evidente a simple vista», en el sentido de es que:

> «La Constitución es suprema en tanto es producto de la autodeterminación de un pueblo, que se la ha dado a sí mismo sin intervención de elementos externos y sin imposiciones internas. Así, la Constitución viene a ser, necesariamente, la norma fundamental a la cual se encuentran vinculadas las múltiples formas que adquieren las relaciones humanas en una sociedad y tiempo determinados»[5].

De ello deriva el postulado antes señalado de que la Constitución, para ser tal, tiene que ser producto de un pacto social formulado por el pueblo «sin intervención de elementos externos y sin imposiciones internas», que es, además, lo que como norma suprema o fundamental garantiza su obligatorio acatamiento por los gobernantes y los gobernados.

Y es precisamente porque la Constitución es producto de la voluntad del pueblo expresada como pacto de la sociedad, que el propio pueblo, colectivamente y, además, todos sus integrantes individualmente considerados, tienen un *derecho esencial a que esa Constitución se respete*, a que se mantenga conforme a la voluntad popular que la expresa y a que sea suprema. De ello deriva este otro nuevo derecho fundamental que es el *derecho ciudadano a la supremacía de la Constitución*[6] Ambos derechos, como todo derecho constitucional, en un Estado Constitucional tienen que ser exigibles ante los tribunales, es decir, tienen que ser justiciables.

---

[4]    Allan R. Brewer-Carías, *Crónica de la «In» Justicia Constitucional. La Sala Constitucional y el autoritarismo en Venezuela*, (Colección Instituto de Derecho Público, Universidad Central de Venezuela, Caracas 2007).

[5]    Sentencia de la Sala Constitucional Nº 1347 de 9 de noviembre de 2001, *Revista de Derecho Público*, Nº 81, 265, (enero-marzo), (Editorial Jurídica Venezolana, Caracas 2000).

[6]    Al tema me he referido en diversos trabajos, y entre ellos, en el libro Allan R. Brewer-Carías, Mecanismos nacionales de protección de los derechos humanos (Garantías judiciales de los derechos humanos en el derecho constitucional comparado latinoamericano), 74 ss. (Instituto Interamericano de Derechos Humanos, San José, 2005). Debo recordar aquí, que el tema lo discutí en múltiples ocasiones con mi entrañable amigo Rodolfo Piza Escalante, quien fue Juez de la Corte Interamericana de Derechos Humanos y Magistrado de la importante Sala Constitucional de la Corte Suprema de Costa Rica.

Este derecho a la Constitución y a la supremacía constitucional, por otra parte, es de la esencia del Estado de Derecho, el cual está montado, precisamente, sobre esa misma idea de la Constitución como norma fundamental y suprema, que debe prevalecer sobre toda otra norma o acto estatal. Ese fue, como dijimos, el gran y principal aporte de las revoluciones norteamericana y francesa al constitucionalismo moderno, y su desarrollo progresivo fue el fundamento de los sistemas de justicia constitucional que se desarrollaron en el mundo contemporáneo, en particular, los destinados a la protección de la Constitución y al amparo de los derechos y libertades consagrados en las Constituciones.

Esta idea de la supremacía constitucional, fundamento del derecho a la Constitución como norma fundamental y suprema, fue doctrinalmente elaborada por primera vez en Norteamérica, en 1788, por Alexander Hamilton en *El Federalista*, cuando al referirse al papel de los jueces como intérpretes de la ley, señaló que:

> «Una Constitución es, de hecho, y así debe ser vista por los jueces, como ley fundamental, por tanto, corresponde a ellos establecer su significado así como el de cualquier acto proveniente del cuerpo legislativo Si se produce una situación irreconocible entre los dos, por supuesto, aquel que tiene una superior validez es el que debe prevalecer; en otras palabras, la Constitución debe prevalecer sobre las leyes, *así como la intención del pueblo debe prevalecer sobre la intención de sus agentes*»[7].

De esta afirmación se deriva, además, el poder de los jueces para poder controlar la constitucionalidad de las leyes, el postulado esencial de que la Constitución como producto de la voluntad popular, debe siempre prevalecer sobre la intención de los gobernantes.

Este es, precisamente, el fundamento del derecho ciudadano a que la voluntad popular expresada en la Constitución sea respetada por quienes gobiernan, quienes en su gestión no pueden hacer prevalecer su voluntad frente a la voluntad popular del pueblo expresada en la Constitución.

Además, por ello, el mismo Hamilton, al desarrollar el principio del poder de los jueces para declarar la nulidad de los actos legislativos contrarios a la Constitución, y argumentar que ello no significaba dar superioridad del Poder Judicial sobre el Legislador, señaló que ello:

> «Lo único que supone es *que el poder del pueblo es superior a ambos; y* que en los casos en que la voluntad del legislador declarada en las leyes esté en *oposición con la del pueblo declarada en la Constitución,* los Jueces deben estar condicionados por la última, antes que por las primeras».

Concluyó Hamilton señalando que:

---

[7]     Alexander Hamilton, *The Federalist* 491- 493 (Ed. por B.F. Wrigth Cambridge, Mass., 1961).

«Ningún acto legislativo contrario a la Constitución puede ser válido. Negar esto, significaría afirmar que el subalterno es más importante que el principal; que el sirviente está por encima de sus patrones; *que los representantes del pueblo son superiores al pueblo mismo*».

De éstas proposiciones de Hamilton lo que más nos interesa destacar aquí, aparte del poder de la Corte Suprema de los Estados Unidos para declarar como nulas y sin valor las leyes estadales y federales contrarias a la Constitución,[8] lo que por supuesto tuvo un efecto fundamental en el desarrollo de los sistemas de justicia constitucional como materialización del derecho a la supremacía constitucional; es la idea misma antes expuesta de que en virtud de que la Constitución es manifestación de la voluntad del pueblo, el principal derecho constitucional de los ciudadanos es el *derecho a dicha Constitución y a su supremacía*, es decir, al respeto de la propia voluntad popular expresada en ella.

Nada se ganaría con decir que la Constitución como manifestación de la voluntad del pueblo es ley suprema que debe prevalecer sobre la de todos los órganos del Estado y sobre la actuación de los individuos, si no existiese el derecho de los integrantes del pueblo, es decir, de los ciudadanos a dicha supremacía y, además, en consecuencia, el derecho a exigir el respeto de esa Constitución, lo que se traduce en el derecho a la tutela judicial efectiva de la propia Constitución.

Por todo ello, en las Constituciones latinoamericanas más recientes, como la de Colombia, incluso se ha consagrado expresamente el principio de la supremacía constitucional, al disponerse que «La Constitución es norma de normas» por lo que «en todo caso de incompatibilidad entre la Constitución y la Ley u otra norma jurídica, se aplicarán las disposiciones constitucionales» (Art. 4). En igual sentido, en la Constitución de Venezuela de 1999 se estableció que «La Constitución es la norma suprema y el fundamento del ordenamiento jurídico», a la cual quedan sujetos «todas las personas y los órganos que ejercen el Poder Público» (Art. 7);[9] constituyendo, además, «cumplir y acatar» la Constitución (Art. 131), uno de los deberes constitucionales de los ciudadanos y funcionarios.

Esta idea de la Constitución como norma suprema y fundamento del ordenamiento jurídico, además, se ha conformado en América Latina conforme a una tradición normativa que se remonta al texto de la «Constitución Federal para los Estados de Venezuela» de diciembre de 1811, que previó

---

[8]   *V.*, los comentarios sobre los célebres casos Vanhorne's Lessee v. Dorrance, 1776 y Masbury v. Madison, 1803, en Allan R. Brewer-Carías, *Judicial Review in Comparative Law*, (Cambridge University Press, Cambridge 1989).

[9]   Me correspondió proponer en la Asamblea Nacional Constituyente de 1999 la consagración en forma expresa de dicho principio constitucional. Allan R. Brewer-Carías, *Debate Constituyente, (Aportes a la Asamblea Nacional Constituyente)*, II, 24 (9 septiembre-17 octubre 1999), (Fundación de Derecho Público-Editorial Jurídica Venezolana, Caracas, 1999).

expresamente de la obligatoriedad de sus normas tanto para todos los órganos que ejercen el Poder Público como para los particulares.

Por eso la Sala Constitucional del Tribunal Supremo de Justicia de Venezuela en la misma sentencia antes citada de 2000, señaló que de la supremacía deriva:

«Que la Constitución ostente, junto con el ordenamiento jurídico en su totalidad, un carácter normativo inmanente; esto es, un deber ser axiológico asumido por la comunidad como de obligatorio cumplimiento, contra cuyas infracciones se activen los mecanismos correctivos que el propio ordenamiento ha creado. La Constitución, también, sin que pueda ser de otro modo, impone modelos de conducta encaminados a cumplir pautas de comportamiento en una sociedad determinada»[10].

Ahora bien, la consecuencia fundamental de la consagración expresa de este principio de la supremacía constitucional en las Constituciones de Colombia y Venezuela, por ejemplo, ha sido la previsión, en los propios textos constitucionales, de todo un sistema diseñado para la protección y garantía de esa supremacía constitucional frente a las leyes, montado sobre el control judicial de su constitucionalidad, lo cual constituye, sin duda, uno de los pilares fundamentales del constitucionalismo contemporáneo y del Estado de Derecho.[11]

Todo ello, ha derivado en la consagración expresa del derecho constitucional de los ciudadanos a la tutela judicial de dicha supremacía, sea mediante los sistemas de control difuso de la constitucionalidad ejercido por todos los jueces (Art. 4, Colombia; Art. 334, Venezuela) o mediante el control concentrado de la constitucionalidad de las leyes ejercido por la Jurisdicción Constitucional como es el caso de la Corte Constitucional colombiana (Art. 241) o de la Sala Constitucional del Tribunal Supremo de Justicia en Venezuela (Art. 336).[12]

Además, se ha manifestado por la previsión en las Constituciones de las acciones de *hábeas corpus, habeas data* o de amparo o de tutela de los derechos constitucionales fundamentales (Arts. 30 y 86, Colombia; Art. 27, Venezuela).

El constitucionalismo moderno, por tanto, en nuestro criterio, está montado no sólo sobre el *derecho a la Constitución* sino sobre el *derecho ciudadano*

---


[10]   Sentencia de la Sala Constitucional Nº 1347 de 9 de noviembre de 2001, *Revista de Derecho Público,* Nº 81,264, (enero-marzo), (Editorial Jurídica Venezolana, Caracas 2000).

[11]   Allan R. Brewer-Carías, *Instituciones Políticas y Constitucionales, Evolución Histórica del Estado,* I, 47 ss. (Universidad Católica del Táchira-Editorial Jurídica Venezolana, Caracas-San Cristóbal, 1996).

[12]   Allan R. Brewer-Carías, *Instituciones Políticas y Constitucionales, Justicia Constitucional,* VII, 658, (Universidad Católica del Táchira-Editorial Jurídica Venezolana, Caracas-San Cristóbal, 1997); y *El Sistema mixto o integral de control de la constitucionalidad en Colombia y Venezuela,* Universidad Externado de Colombia (Temas de Derecho Público Nº 39) y Pontificia Universidad Javeriana (Quaestiones Juridicae Nº 5), Bogotá 1995.

*a su supremacía,* que se concreta, conforme al principio de la separación de poderes, en *un derecho fundamental a la tutela judicial de la supremacía constitucional,* tanto respecto de la parte orgánica de la Constitución como respecto de su parte dogmática, para cuya preservación se establecen un conjunto de garantías.

Ese derecho implica, además, en cuanto a la parte orgánica de la Constitución, el derecho ciudadano a la separación de poderes y el derecho a la distribución territorial del poder o a la autonomía de las instituciones político territoriales; y en cuanto a la parte dogmática, el derecho a la efectividad y goce de los derechos constitucionales mediante las garantías establecidas en la Constitución.

Es por ello que, para asegurar la supremacía, las Constituciones además de las garantías judiciales, establecen directamente en su propio texto otra serie de garantías, como la garantía objetiva de la Constitución que considera como nulos y sin valor los actos contrarios a la Constitución; o la garantía de la reserva legal a los efectos del establecimiento de las limitaciones a los derechos, que no pueden establecerse por cualquier autoridad sino mediante ley formal. Además, está la garantía de la responsabilidad que, por supuesto implica que todo acto contrario a la Constitución y a los derechos constitucionales en ella previstos, tiene que comprometer la responsabilidad de quien lo ejecutó.

Por supuesto, la garantía fundamental del derecho a la Constitución y a su supremacía, es justamente la posibilidad que tienen los individuos de acudir ante los órganos judiciales para requerir el aseguramiento de los derechos, de manera que se hagan efectivos. Por ello, la garantía fundamental de los derechos constitucionales es la garantía judicial porque, en definitiva, el sistema judicial en cualquier país se establece precisamente para la protección de los derechos de las personas. Esto lo regulan, incluso, casi todas las Constituciones cuando se refieren al Poder Judicial o al derecho de acceder a la justicia, para la protección de los derechos y garantías.

Ahora bien, este derecho fundamental a la Constitución y a su supremacía, y con ellos, al respeto de los derechos constitucionales, como antes se dijo, se concreta en un derecho al control jurisdiccional de la constitucionalidad de los actos estatales, sea mediante sistemas de justicia constitucional concentrados o difusos, y en un derecho al amparo judicial de los derechos fundamentales de las personas, sea mediante acciones o recursos de amparo u otros medios judiciales de protección inmediata de los mismos. La consecuencia de este derecho fundamental, sin duda, implica la atribución a los jueces del poder de asegurar la supremacía constitucional, lo que resulta declarando la nulidad de los actos contrarios a la Constitución, o restableciendo los derechos fundamentales vulnerados por acciones ilegítimas adoptadas tanto por los órganos del Estado como por los particulares.

Por otra parte, tratándose de un derecho fundamental de los ciudadanos el de asegurar la supremacía constitucional mediante la tutela judicial de la Constitución, es evidente que sólo ésta es la que podría limitar dicho derecho, es decir, es incompatible con la idea del derecho fundamental a la supremacía constitucional que se establezcan limitaciones legales a la misma, sea manifestadas en actos estatales excluidos del control judicial de constitucionalidad, sea en derechos constitucionales cuya violación no pudiera ser amparable en forma inmediata. Tal como lo señaló la antigua Corte Suprema de Justicia de Venezuela en 1962:

«Si la regla general constitucionalmente establecida es la del pleno ejercicio del control constitucional de todos los actos del Poder Público, *cualquier excepción a dicha regla tendría que emanar*, necesariamente, de la propia Constitución. Ni siquiera una disposición legal podría sustraer alguno de aquellos actos al control antes dicho; y menos aún pueden autorizarlo los órganos jurisdiccionales como intérpretes fieles que deben ser del contenido de aquella norma. A todo evento, y, ante la duda que pudiera surgir acerca de si algún acta emanada del Poder Público es o no susceptible de revisión constitucional por acción directa, debe optarse, en obsequio a aquel amplio y fundamental principio constitucional, por admitir su examen por parte de este Alto Tribunal»[13].

La supremacía constitucional, por tanto, es una noción absoluta, que no admite excepciones, por lo que el derecho constitucional a su aseguramiento tampoco podría admitir excepciones, salvo por supuesto, que sean establecidas en la propia Constitución. De lo anterior resulta que, en definitiva, en el derecho constitucional contemporáneo la justicia constitucional se ha estructurado como una garantía adjetiva al derecho fundamental del ciudadano a la Constitución y a la supremacía constitucional.

En cierta forma, como lo señaló Sylvia Snowiss en su análisis histórico sobre los orígenes de la justicia constitucional de Norteamérica, ésta puede decirse que surgió como un sustituto de la revolución,[14] en el sentido de que si los ciudadanos tienen derecho a la supremacía constitucional como pueblo soberano, cualquier violación de la Constitución podría dar lugar a la revocatoria del mandato de los representantes o a su sustitución por otros, pudiendo, además, invocarse un derecho a la resistencia o a la revuelta, tal como lo defendió John Locke.[15]

Antes del surgimiento del Estado de derecho, por tanto, en casos de opresión de los derechos o de abuso o usurpación, la revolución era la vía de

---

[13]   Sentencia de la Corte Suprema de Justicia en Pleno de 15–03–1962, en *Gaceta Oficial.*, N° 760, Extraordinaria de 22-3-62.

[14]   Silvia Snowiss, *Judicial Review and the Law of the Constitution*, 113 (Yale University Press 1990).

[15]   John Locke, *Two Treatises of Government* (Ed. Peter Laslett), 211-221 (Cambridge UK, 1967).

solución de los conflictos entre el pueblo y los gobernantes. Como sustituto de la misma, sin embargo, precisamente surgió el poder atribuido a los jueces para dirimir los conflictos constitucionales entre los poderes constituidos o entre éstos y el pueblo. Esa es, precisamente, la tarea del juez constitucional, quedando configurada la justicia constitucional como la principal garantía al derecho ciudadano a la supremacía constitucional.

Sin embargo, a pesar de la previsión de dichos mecanismos de justicia constitucional, no debe dejar de destacarse que muchas Constituciones aún consagran el derecho ciudadano a la desobediencia civil, por ejemplo, respecto de regímenes, de legislación y de autoridades que contraríen la Constitución. Un ejemplo de esto es el artículo 350 de la Constitución de Venezuela de 1999, en el cual se dispuso que:

> «El pueblo de Venezuela, fiel a su tradición republicana, a su lucha por la independencia, la paz y la libertad, desconocerá cualquier régimen, legislación o autoridad que contraríe los valores, principios y garantías democráticas o menoscabe los derechos humanos».

Este artículo consagra constitucionalmente lo que la filosofía política moderna ha calificado como desobediencia civil,[16] que es una de las formas pacíficas como se manifiesta el mencionado derecho de resistencia, que tuvo su origen histórico en el antes mencionado derecho a la insurrección que difundió John Locke. Además, tiene su antecedente constitucional remoto en la Constitución Francesa de 1793 en cuyo artículo 35, que era el último de los artículos de la Declaración de los Derechos del Hombre y del Ciudadano que la precedía, se estableció que:

> «Cuando el gobierno viole los derechos del pueblo, la insurrección es, para el pueblo y para cada porción del pueblo, el más sagrado de los derechos y el más indispensable de los deberes».

Esta norma, que era típica de un gobierno revolucionario como el del Terror, sin duda, fue anómala y pronto desapareció de los anales del constitucionalismo. Sin embargo, ello no ha impedido la aparición en las Cons-

---

[16]   Sobre la desobediencia civil y el artículo 350 de la Constitución de Venezuela, *V.,*: María L. Álvarez Chamosa y Paola A. A. Yrady, «La desobediencia civil como mecanismo de participación ciudadana», *Revista de Derecho Constitucional,* N° 7, 7-21(2003); Andrés A. Mezgravis, «¿Qué es la desobediencia civil?», *Revista de Derecho Constitucional,* N° 7 189-191 (2003); Marie Picard de Orsini, «Consideraciones acerca de la desobediencia civil como instrumento de la democracia», en *El Derecho Público a comienzos del siglo XXI. Estudios homenaje al Profesor Allan R. Brewer-Carías,* Tomo I, 535-551 (Instituto de Derecho Público, UCV, Civitas Ediciones, Madrid, 2003); y Eloisa Avellaneda y Luis Salamanca, «El artículo 350 de la Constitución: derecho de rebelión, derecho resistencia o derecho a la desobediencia civil», en *El Derecho Público a comienzos del siglo XXI. Estudios homenaje al Profesor Allan R. Brewer-Carías,* Tomo I, 553-583 (Instituto de Derecho Público, UCV, Civitas Ediciones, Madrid, 2003). Véase, además, Allan R. Brewer-Carías, *El derecho constitucional a la desobediencia civil. Estudios. Aplicación e interpretación del artículo 350 de la Constitución de Venezuela de 1999,* Biblioteca de Derecho Público, Ediciones Olejnik, Buenos Aires, Santiago de Chile, Madrid 2019.

tituciones de algunas versiones contemporáneas, que si bien no se refieren al derecho a la insurrección, consagran el derecho a la rebelión contra los gobiernos de fuerza, como es el consagrado, por ejemplo, en el artículo 333 de la Constitución venezolana que establece el deber de «todo ciudadano investido o no de autoridad, de colaborar en el restablecimiento de la efectiva vigencia de la Constitución», si la misma llegare a perder «su vigencia o dejare de observarse por acto de fuerza o porque fuere derogada por cualquier otro medio distinto al previsto en ella».

Es el único caso en el cual una Constitución pacifista como la venezolana de 1999, admite que pueda haber un acto de fuerza para reaccionar contra un régimen que por la fuerza hubiere irrumpido contra la Constitución.[17]

El tema central en esta materia, por supuesto, es la determinación de cuándo desaparece la obligación de la obediencia a las leyes y cuándo se reemplaza por la también obligación-derecho de desobedecerlas y esto ocurre, en general, cuando la ley es injusta; cuando es ilegítima, porque por ejemplo emana de un órgano que no tiene poder para legislar, o cuando es nula, por violar la Constitución.

De todo lo anterior resulta entonces que en el constitucionalismo contemporáneo propio del Estado Constitucional y democrático de derecho, es posible identificar el mencionado *derecho ciudadano a la Constitución*, que a la vez, como hemos visto, se desdobla en el *derecho ciudadano a la supremacía constitucional*, el *derecho ciudadano a la tutela efectiva* de la Constitución, el *derecho ciudadano al amparo* a los derechos y garantías constitucionales, y el *derecho ciudadano a la desobediencia civil* e incluso, *a la rebelión* frente a rupturas ilegítimas de la Constitución.

## II.   DERECHO A LA DEMOCRACIA

Pero, en segundo lugar, además del derecho a la Constitución, en las nuevas tendencias del derecho constitucional derivado igualmente de la propia concepción del Estado democrático de derecho, también puede identificarse el *derecho ciudadano a la democracia*,[18] de lo que resulta que en un Estado Constitucional esta debe ser considerada no sólo como un régimen político determinado sino como un derecho ciudadano. La consecuencia de ello, además, es que los derechos políticos han comenzado a dejar de estar reducidos a los que generalmente se habían establecido expresamente en las Constituciones, como son los clásicos derechos al sufragio, el derecho a ser gobernados por representantes electos, el derecho al desempeño de cargos públicos, el

---

[17]   Allan R. Brewer-Carías, *La crisis de la democracia en Venezuela*, Ediciones Libros El Nacional, Caracas 2002, p. 33 y ss.

[18]   Allan R. Brewer-Carías, «Prólogo: Sobre el derecho a la democracia y el control del poder», al libro de Asdrúbal Aguiar, *El derecho a la democracia. La democracia en el derecho y la jurisprudencia interamericanos. La libertad de expresión, piedra angular de la democracia*, Editorial Jurídica Venezolana, Caracas 2008, p. 660.

derecho a asociarse en partidos políticos y, más recientemente, el derecho a la participación política.

En el mundo contemporáneo, por tanto, se puede hoy también hablar de otros derechos políticos que se derivan del régimen democrático, como es el mencionado derecho ciudadano a la democracia, o a un régimen político en el cual se garanticen sus *elementos esenciales* tal como fueron enumerados por la *Carta Democrática Interamericana* de la OEA 2001, y que son los siguientes: 1) el respeto a los derechos humanos y las libertades fundamentales; 2) el acceso al poder y su ejercicio con sujeción al Estado de derecho; 3) la celebración de elecciones periódicas, libres, justas y basadas en el sufragio universal y secreto, como expresión de la soberanía del pueblo; 4) el régimen plural de partidos y organizaciones políticas y 5) la separación e independencia de los poderes públicos (Art. 3).

En democracia, sin duda, el ciudadano tiene derecho a todos esos elementos esenciales, los cuales incluso, en muchas Constituciones se han configurado como derechos políticos individualizados, como es el caso del derecho a ejercer funciones públicas, del derecho al sufragio, o del derecho de asociación en partidos políticos. Sin embargo, considerados en su conjunto, y destacándose en particular entre ellos, el relativo a la separación de poderes, se pueden configurar, globalmente, como integrando un derecho a la democracia que está destinado a garantizar el control efectivo del ejercicio del poder por parte de los gobernantes, y a través de ellos, del Estado.

Este derecho a la democracia, por supuesto, sólo puede configurarse en Estados democráticos de derecho, siendo inconcebible en los Estados con regímenes autoritarios donde precisamente los anteriormente mencionados elementos esenciales no pueden ser garantizados por la ausencia de controles respecto del ejercicio del poder, aun cuando pueda tratarse de Estados en los cuales, en fraude a la Constitución y a la propia democracia, los gobiernos puedan haber tenido su origen en algún ejercicio electoral.

Como hace varias centurias lo enseñó Charles Louis de Secondat, Barón de Montesquieu: «Es una experiencia eterna –que todo hombre que tiene poder, tiende a abusar de él; y lo hace, hasta que encuentra límites», de lo que dedujo su famoso postulado de que «para que no se pueda abusar del poder es necesario que por la disposición de las cosas, el poder limite al poder»[19].

De esta apreciación física fue que se derivó, precisamente, el principio de la separación de poderes que establecieron todas las Constituciones que se formularon después de las revoluciones norteamericana y francesa, convirtiéndose no sólo en uno de los pilares fundamentales del constitucionalismo moderno, sino además, de la propia democracia tanto como régimen político como derecho ciudadano para asegurar que quienes

---

[19]   Charles Louis de Secondat, Barón de Montesquieu, *De l'Espirit des Lois* I, Libro XI, Cap. IV, Ed. G. Tunc, París 1949, p. 162-163.

sean electos para gobernar y ejercer el poder estatal en representación del pueblo, no abusen del mismo. Por ello, desde la misma Declaración de Derechos del Hombre y del Ciudadano de 1789 se estableció, con razón, que «toda sociedad en la cual no esté determinada la separación de los poderes carece de Constitución (Art. 16)».

Doscientos años después, pero con su origen en aquellos postulados, en el orden constitucional interno de los Estados democráticos de derecho, es posible entonces identificar un derecho a la democracia conformado por los antes mencionados *elementos esenciales* que se complementan con sus *componentes fundamentales,* enumerados también en la misma *Carta Democrática Interamericana,* y que son los siguientes: 1) la transparencia de las actividades gubernamentales; 2) la probidad y la responsabilidad de los gobiernos en la gestión pública; 3) el respeto de los derechos sociales; 4) el respeto de la libertad de expresión y de prensa; 5) la subordinación constitucional de todas las instituciones del Estado a la autoridad civil legalmente constituida y 6) el respeto al Estado de derecho de todas las entidades y sectores de la sociedad (Art. 4).

Al igual que algunos de los antes mencionados elementos esenciales de la democracia, muchos de estos componentes fundamentales también se han configurado en las Constituciones como derechos ciudadanos individualizados, como, por ejemplo, el conjunto de derechos sociales y la libertad de expresión del pensamiento. Sin embargo, también considerados en su conjunto, junto con los elementos esenciales, estos componentes fundamentales de la democracia permiten reafirmar la existencia del derecho ciudadano a la democracia, como derecho fundamental en sí mismo, lo que implica por, sobre todo, no solo la posibilidad ciudadana de controlar el ejercicio del poder, sino el derecho constitucional a controlarlo.

Ello tiene una significación e importancia fundamentales en la configuración del Estado Constitucional democrático de derecho pues de este factor dependen todos los otros que caracterizan la democracia, de manera que sólo controlando al Poder es que puede haber elecciones libres y justas, así como efectiva representatividad; sólo controlando el poder es que puede haber alternabilidad en el ejercicio del mismo; sólo controlando al poder es que puede haber pluralismo político; sólo controlando al Poder es que puede haber efectiva participación democrática en la gestión de los asuntos públicos; sólo controlando al Poder es que puede haber transparencia administrativa en el ejercicio del gobierno, y rendición de cuentas por parte de los gobernantes; sólo controlando el Poder es que se puede asegurar un gobierno sometido a la Constitución y las leyes, es decir, un Estado de derecho y la garantía del principio de legalidad; sólo controlando el Poder es que puede haber un efectivo acceso a la justicia de manera que esta pueda funcionar con efectiva autonomía e independencia; y sólo controlando al Poder es que puede haber real y efectiva garantía de respeto a los derechos humanos. De lo anterior resulta, por tanto, que sólo cuando existe un sistema de control efectivo del poder es que puede haber democracia, y sólo en esta es que los ciudadanos pueden encontrar asegurados sus derechos debidamente equilibrados con los poderes Públicos.

Por ello es precisamente que en el mundo contemporáneo, la democracia no sólo se traduce como un gobierno del pueblo mediante representantes elegidos, sino además y por sobre todo, como un gobierno sometido a controles, y no solo por parte del Poder mismo conforme al principio de la separación de los poderes del Estado, sino por parte del pueblo mismo, es decir, de los ciudadanos, individual y colectivamente considerados, y precisamente a ello es que tienen derecho los ciudadanos cuando hablamos del derecho a la democracia.

Ahora bien, este derecho a la democracia identificado con el derecho fundamental ciudadano al control del poder comporta al menos derechos políticos específicos que se configuran precisamente en los pilares fundamentales del equilibrio entre Estado y el ciudadano, y que son: en primer lugar, el derecho ciudadano a la separación de poderes; en segundo lugar, el derecho ciudadano a la distribución vertical o territorial del poder para asegurar la participación política; en tercer lugar, el derecho ciudadano a la alternabilidad republicana; en cuarto lugar, el derecho ciudadano al pluralismo político y a la libre participación en los asuntos públicos; en quinto lugar, el derecho ciudadano a la buena administración; y en sexto lugar, el derecho ciudadano al ejercicio de los recursos judiciales necesarios para controlar el ejercicio del poder, y además, asegurar la vigencia de los derechos humanos y el sometimiento del Estado al derecho, es decir, en definitiva, para garantizar el derecho a la democracia.

Estos derechos, como derechos políticos, por supuesto hay que configurarlos desde la perspectiva del orden constitucional interno, a cuyo efecto, a continuación, vamos a analizarlos partiendo del ordenamiento constitucional venezolano, que es el que nos concierne más directamente. Y aún cundo teniendo en cuenta que en Venezuela, lamentablemente, después de haber tenido uno de los más largos períodos históricos de democracia, como fue el período 1958-1999, a partir de este último año, desde la misma democracia y en fraude a ella, se ha venido consolidando un régimen autoritario precisamente por el sistemático desmantelamiento, falseamiento, distorsión o neutralización que se ha venido realizado respecto de los sistemas de control del poder, con la consiguiente extinción paulatina de la propia democracia, y la desaparición del derecho ciudadano a la misma.

## 1.  *El derecho a la separación de poderes*

El primer derecho político derivado del derecho a la democracia que se erige en un elemento esencial para el establecimiento del debido equilibrio entre el poder y los ciudadanos es el derecho a la separación e independencia de los Poderes Públicos, que es lo que puede permitir el control del poder estatal por el poder estatal mismo, al punto de que su existencia, como hemos dicho, es la que puede garantizar la vigencia de los diversos factores esenciales de la democracia.

Este derecho político derivado del principio de la separación de poderes que sigue siendo el pilar fundamental en la organización del Estado democrático constitucional, exige no sólo que los Poderes del Estado tengan efectiva independencia y autonomía, sino que la misma esté garantizada.

Ello, por lo demás, es de la esencia de la democracia, de manera que, al contrario, como lo enseña la historia de la humanidad, demasiada concentración y centralización del poder como ocurre en cualquier gobierno autoritario, así tenga origen electoral, inevitablemente conduce a la tiranía. El mundo contemporáneo ha tenido demasiadas experiencias que han mostrado toda suerte de tiranos que usaron el voto popular para acceder al poder, y que luego, mediante su ejercicio incontrolado, desarrollaron gobiernos autoritarios, contrarios al pueblo, que acabaron con la propia democracia y con todos sus elementos, comenzando por el respeto a los derechos humanos.

Y lamentablemente ello es lo que ha ocurrido en Venezuela a la vista de todo el mundo democrático en estos primeros lustros del Siglo XXI, donde se ha arraigado un gobierno autoritario partiendo de elementos que se insertaron en la misma Constitución de 1999,[20] en la cual se dispuso el germen de la concentración del poder en manos de la Asamblea Nacional y, consecuencialmente, del Poder Ejecutivo que la controla políticamente, con lo cual progresivamente se ha sometido a la voluntad de éste, a los otros Poderes Públicos y, particularmente, al Poder Judicial, al Poder Ciudadano y al Poder Electoral.[21]

Ello lo denunciamos en noviembre de 1999, antes de que se sometiera a referendo aprobatorio la propia Constitución, advirtiendo entonces que, si la Constitución se aprobaba, ello iba a implicar la implantación en Venezuela, de:

---

[20] *V.*, los comentarios críticos a la semilla autoritaria en la Constitución de 1999, en Allan R. Brewer-Carías, *Debate Constituyente (Aportes a la Asamblea Nacional Constituyente), Tomo III (18 octubre-30 noviembre 1999)*, Fundación de Derecho Público-Editorial Jurídica Venezolana, Caracas 1999, pp. 311-340; «Reflexiones críticas sobre la Constitución de Venezuela de 1999» en el libro de Diego Valadés, Miguel Carbonell (Coordinadores), *Constitucionalismo Iberoamericano del Siglo XXI*, Cámara de Diputados. LVII Legislatura, Universidad Nacional Autónoma de México, México 2000, pp. 171-193, en *Revista de Derecho Público*, N° 81, Editorial Jurídica Venezolana, Caracas, enero-marzo 2000, pp. 7-21; en *Revista Facultad de Derecho, Derechos y Valores*, Volumen III N° 5, Universidad Militar Nueva Granada, Santafé de Bogotá, D.C., Colombia, Julio 2000, pp. 9-26; y en el libro *La Constitución de 1999*, Biblioteca de la Academia de Ciencias Políticas y Sociales, Serie Eventos 14, Caracas 2000, pp. 63-88.

[21] *V.*, Allan R. Brewer-Carías, «El secuestro del Poder Electoral y la confiscación del derecho a la participación política mediante el referendo revocatorio presidencial: Venezuela 2000-2004», en *Boletín Mexicano de Derecho Comparado*, Instituto de Investigaciones Jurídicas, Universidad Nacional Autónoma de México, N° 112, México, enero-abril 2005 pp. 11-73; *La Sala Constitucional versus el Estado Democrático de Derecho. El secuestro del poder electoral y de la Sala Electoral del Tribunal Supremo y la confiscación del derecho a la participación política*, Los Libros de El Nacional, Colección Ares, Caracas 2004, 172 pp.

*«Un esquema institucional concebido para el autoritarismo derivado de la combinación del centralismo del Estado, el presidencialismo exacerbado, la democracia de partidos, la concentración de poder en la Asamblea y el militarismo,* que constituye el elemento central diseñado para la organización del poder del Estado. En mi opinión agregaba , esto no es lo que se requería para el perfeccionamiento de la democracia; la cual, al contrario, se debió basar en la descentralización del poder, en un presidencialismo controlado y moderado, en la participación política para balancear el poder del Estado y en la sujeción de la autoridad militar a la autoridad civil[22].

La dependencia de los poderes respecto de la Asamblea Nacional se estableció, en efecto, en la Constitución de 1999 al atribuírsele no sólo la potestad de elegir a los titulares de los órganos de los Poderes Públicos, sino la de removerlos de sus cargos mediante el simple voto político. Como consecuencia de ello, los Magistrados del Tribunal Supremo de Justicia (Poder Judicial), el Fiscal General de la República, el Contralor General de la República, el Defensor del Pueblo (Poder Ciudadano) y los Miembros del Consejo Nacional Electoral (Poder Electoral) (Art. 265, 279 y 296), pueden ser removidos por el voto de los diputados, incluso en algunos casos por simple mayoría de votos, todo lo cual se pretendió regular en general con la afortunadamente rechazada reforma constitucional que fue sancionada por la Asamblea Nacional el 2 de noviembre de 2007, pero que no se aprobó en el referendo del 2 de diciembre de 2007.[23]

Con esas previsiones constitucionales simplemente es imposible que pueda hablarse de independencia de los poderes públicos, cuando la existencia de sus titulares depende de la sola voluntad política de uno de ellos, el cual puede removerlos precisamente cuando actúen con alguna independencia, lo que por supuesto ha ocurrido en los últimos años en Venezuela, precisamente cuando hubo algún mínimo signo de autonomía e independencia de alguno de los titulares de los altos órganos del Estado, supuestos en los cuales fueron removidos de sus cargos.[24]

---

[22]  Documento de 30 de noviembre de 1999. *V.,* en Allan R. Brewer-Carías, *Debate Constituyente Aportes a la Asamblea Nacional Constituyente*, Tomo III, Fundación de Derecho Público, Editorial Jurídica Venezolana, Caracas 1999, p. 339.

[23]  Sobre el contenido de la rechazada reforma constitucional, que explica por si sólo las razones de tal rechazo popular, *V.,* Allan R. Brewer-Carías, *Hacia la consolidación de un Estado Socialista, Centralista, Policial y Militarista. Comentarios sobre el alcance y sentido de las propuestas de reforma constitucional 2007,* Editorial Jurídica Venezolana, Caracas 2007; *La Reforma Constitucional de 2007 (Inconstitucionalmente sancionada por la Asamblea Nacional el 2 de noviembre de 2007,* Editorial Jurídica Venezolana, Caracas 2007.

[24]  Así ocurrió con la Defensora del Pueblo y el Fiscal General de la República quienes ingenuamente pensaron que podían actuar con cierta autonomía respecto de la Asamblea Nacional, por lo que fueron removidos inmediatamente de sus cargos. El Fiscal General de la República por haber iniciado un procedimiento de antejuicio de mérito (penal) contra el entonces Ministro del Interior; y la Defensora del Pueblo, por haber impugnado la Ley Especial de la Asamblea Nacional de 2001 sobre nombramiento de los Magistrados del Tribunal Supremo sin cumplir con los requisitos constitucionales. Ambos fue-

Esta dependencia de los órganos de control respecto de la Asamblea Nacional, por otra parte, es lo que ha originado la abstención total de aquellos en el ejercicio de control alguno, como ha sucedido, por ejemplo, en los casos del Contralor General de la República, y del Defensor del Pueblo.

En la consolidación de esta dependencia de los poderes del Estado en relación con la Asamblea Nacional en Venezuela, jugó un papel fundamental el progresivo desmantelamiento que se hizo, mediante una legislación inconstitucional, del novedoso sistema que la Constitución de 1999 estableció para asegurar la participación de la sociedad civil en la designación de los titulares de los diversos poderes públicos, buscándose evitar las designaciones de antaño, exclusivamente partidistas. Ese sistema consistía en el establecimiento, para la elección de los candidatos a magistrados del Tribunal Supremo de Justicia, a Fiscal General de la República, a Contralor General de la República, a Defensor del Pueblo y a miembros del Consejo Nacional Electoral, de sendos Comités de Postulaciones que debían estar integrados exclusivamente *«por representantes de los diversos sectores de la sociedad»*, lo que implicaba la pérdida del poder discrecional de designación de dichos altos funcionarios por parte de la Asamblea Nacional.

En evidente fraude a la Constitución, sin embargo, la regulación legal de dichos Comités de Postulaciones los fue convirtiendo paulatinamente en simples Comisiones parlamentarias «ampliadas», integradas mayoritariamente por diputados.[25] Este esquema se pretendió constitucionalizar formalmente en la fracasada reforma constitucional de 2007, con la cual se buscaba hacer desaparecer toda referencia a la sociedad civil.

En todo caso, este marco institucional dio origen a la primacía de la Asamblea Nacional sobre los Poderes Judicial, Ciudadano y Electoral, lo que en la práctica política y constitucional condujo a la concentración total del

---

ron sustituidos en 2001. Así sucedió también con algunos Magistrados del Tribunal Supremo que votaron sentencias donde se contrariaban los designios del Jefe del Estado, lo que también provocó su inmediata remoción o que se acordase su «jubilación. Fue el caso del Vice Presidente del Tribunal Supremo de Justicia, quien fue Ponente de la sentencia de la Sala Plena Accidental de 14-08-2002 que decidió el antejuicio de mérito a los generales que actuaron el 12 de abril de 2002), declarando que no había mérito para enjuiciarlos porque en esa ocasión no había ocurrido un golpe militar sino un vacío de poder; y de los varios Magistrados de la Sala Electoral, quienes firmaron la sentencia N° 24 del 15-03-2004 (Caso: *Julio Borges, César Pérez Vivas, Henry Ramos Allup, Jorge Sucre Castillo, Ramón José Medina y Gerardo Blyde vs. Consejo Nacional Electoral*), que suspendió los efectos de la Resolución N° 040302-131 de 02-03-2004, del Consejo Nacional Electoral que en su momento impidió la realización del referendo revocatorio presidencial. *V.*, «Democracia y control del poder», en Allan R. Brewer-Carías, *Constitución, democracia y control del poder*, Centro Iberoamericano de Estudios Provinciales y Locales, Universidad de Los Andes, Mérida 2004, pp. 25 ss.

25   *V.*, Allan R. Brewer-Carías, «La participación ciudadana en la designación de los titulares de los órganos no electos de los Poderes Públicos en Venezuela y sus vicisitudes políticas», en *Revista Iberoamericana de Derecho Público y Administrativo*, Año 5, N° 5-2005, San José, Costa Rica 2005, pp. 76-95.

poder en manos del Ejecutivo, dado el control político partidista que éste ejerce sobre la Asamblea Nacional. Primero se produjo la intervención del Poder Judicial, con la designación en el Tribunal Supremo, de magistrados afectos al régimen, y desde allí, el apoderamiento total del Poder Judicial, habiendo quedado la justicia en «general, a cargo de jueces temporales y provisorios sin garantía alguna de estabilidad. [26]

Y con el apoderamiento del Tribunal Supremo de Justicia, y en particular de su Sala Constitucional, la misma pasó a ser paulatinamente el instrumento más atroz del autoritarismo, al abstenerse de controlar la constitucionalidad de actos inconstitucionales del Estado, o prestarse para mutar la Constitución conforme a los intereses del Ejecutivo. [27]

El control político de la Sala Constitucional llevó, además, a que la misa se convirtiera n el agente del Ejecutivo para controlar otros Poderes del Estado, como el Poder Electoral, habiendo la sala Constitucional usurpado la función de designar sus titulares desde el año 2004. [28]

En todo caso, a consolidar ese control del Ejecutivo sobre los poderes públicos, usando al Poder Judicial, además, ha contribuido la exacerbación del presidencialismo que la Constitución de 1999 impulsó con la extensión del período presidencial a seis años, y que en la rechazada reforma constitucional que había sancionado la Asamblea Nacional el 2 de noviembre de 2007 se pretendía llevar a siete años; con la consagración de la reelección presidencial indefinida a partir de una Enmienda constitucional de 2009, eliminándose la limitación de la reelección por una sola vez para un nuevo período que

---

[26]  Véase por ejemplo Allan R. Brewer-Carías, «Sobre la ausencia de independencia y autonomía judicial en Venezuela, a los doce años de vigencia de la constitución de 1999 (O sobre la interminable transitoriedad que en fraude continuado a la voluntad popular y a las normas de la Constitución, ha impedido la vigencia de la garantía de la estabilidad de los jueces y el funcionamiento efectivo de una «jurisdicción disciplinaria judicial»), en *Independencia Judicial*, Colección Estado de Derecho, Tomo I, Academia de Ciencias Políticas y Sociales, Acceso a la Justicia org., Fundación de Estudios de Derecho Administrativo (Funeda), Universidad Metropolitana (Unimet), Caracas 2012, pp. 9-103.

[27]  Véase por ejemlo Allan R. Brewer-Carías, «El juez constitucional al servicio del autoritarismo y la ilegítima mutación de la Constitución: el caso de la Sala Constitucional del Tribunal Supremo de Justicia de Venezuela (1999-2009)», en *Revista de Administración Pública*, No. 180, Madrid 2009, pp. 383-418.

[28]  Véase Allan R. Brewer-Carías, «El control de la constitucionalidad de la omisión legislativa y la sustitución del Legislador por el Juez Constitucional: el caso del nombramiento de los titulares del Poder Electoral en Venezuela «, en *Revista Iberoamericana de Derecho Procesal Constitucional*, No. 10 Julio-Diciembre 2008, Editorial Porrúa, Instituto Iberoamericano de Derecho Procesal Constitucional, México 2008, pp. 271-286; «La Jurisdicción Constitucional al servicio de la política: de cómo el Juez Constitucional ha secuestrado y sometido al Poder Electoral y a la Jurisdicción Electoral en Venezuela», en *La Justicia Constitucional en el Estado Social de derecho. Homenaje al Dr. Néstor Pedro Sagües, II Congreso Internacional de Derecho Procesal Constitucional*, (Coordinador Gonzalo Pérez Salazar), Universidad Monteávila, Funeda, Especialización en Derecho Procesal Constitucional, Caracas 2012, pp. 125-149.

se estableció en 1999 (art. 230); y la posibilidad de que el Legislativo le delegue materialmente toda la potestad de legislar, lo que efectivamente ha ocurrido mediante varias leyes habilitantes (Art. 203), que en veinte año muestran como resultado que la casi totalidad de la legislación del país está dictada mediante decretos leyes.

Lo cierto, en todo caso, es que todo este sistema de ausencia de autonomía y de dependencia de los poderes del Estado, en definitiva, del Ejecutivo Nacional, en particular ha sido catastrófico en relación con el Poder Judicial, el cual desde que fue intervenido por la Asamblea Nacional Constituyente en 1999, continuó intervenido por el eje Ejecutivo-Asamblea Nacional. Ello ha sido así, lamentablemente, con anuencia y complicidad del propio Tribunal Supremo de Justicia, el cual incluso por largos lustros se abstuvo de asumir el completo gobierno del Poder Judicial, permitiendo una inconstitucional convivencia con la Comisión de Reorganización del Poder Judicial –a la cual legitimó  con poderes disciplinarios que conforme a la Constitución sólo unos jueces disciplinarios nombrados por concurso debían ejercer.

El derecho ciudadano a la separación e independencia de los poderes, base esencial del derecho a la democracia, en consecuencia, se ha encontrado gravemente quebrantado en Venezuela.

**2.**   ***El derecho a la distribución vertical del poder (a la descentralización) para el ejercicio del derecho a la participación***

Pero el derecho a la democracia también está condicionado por otro clásico principio de la organización del Estado que responde a un segundo derecho político derivado del señalado derecho a la democracia, que es el derecho a la distribución vertical del poder público, el cual necesariamente implica un proceso de descentralización política entre entidades territoriales dotadas de autonomía política.

Este principio, en efecto, también se configura como un derecho ciudadano, en ese caso a la distribución vertical del poder, que es, además, el que puede garantizar la efectiva posibilidad de ejercicio del derecho a la participación política democrática. Como lo expresa la propia Constitución de Venezuela (art. 158), la descentralización política, como política nacional, tiene por propósito profundizar la democracia acercando el poder a la población, porque si el poder no se acerca al ciudadano, la participación política solo queda reducida a participar en elecciones o votaciones. Para poder participar efectivamente en la gestión de los asuntos públicos, el poder tiene que acercarse al ciudadano y ello solo se logra mediante la descentralización política del poder.

Por ello puede decirse, por ejemplo, que la configuración de un Estado Unitario descentralizado como el de Colombia, o de un Estado Federal como los de Venezuela y México, conllevan la existencia de un derecho ciudadano a la distribución territorial del poder que implican, ya que la misma que no es otra cosa que descentralización política, además, es como se dijo, la que puede garantizar la posibilidad para el ciudadano de poder ejercer el derecho de participar en la toma de decisiones y en la gestión de los asuntos públicos. Esto, se insiste, sólo es posible cuando el poder está cerca del ciudadano, como consecuencia, precisamente, de la distribución territorial o descentralización del poder basado en la multiplicación de las autoridades locales con autonomía política,[29] que es lo que puede servir, además, para que el poder controle al poder. Al contrario, en un esquema de centralización del poder, no sólo la participación política se torna en una ilusión retórica, sino que el sistema se convierte en fácil instrumento del autoritarismo.[30]

La participación política, que es un derecho constitucional que no debe confundirse con la movilización popular ni con los mecanismos de democracia directa, sólo es posible en las democracias a nivel local, en unidades territoriales políticas y autónomas descentralizadas donde se practique el autogobierno mediante representantes electos en forma directa, universal y secreta. Por eso el vínculo indisoluble que hay entre descentralización y participación, es sólo posible en democracia.

En la Constitución de Venezuela de 1999, esa distribución territorial del poder, igualmente se enunció con un también lenguaje florido, al definirse la forma del Estado como la de un «Estado federal descentralizado» (art. 4); pero que, en la práctica política, también lamentablemente, conforme a normas contradictorias de la propia Constitución,[31] ha conducido a la progresiva centralización del poder en los niveles nacionales del Estado, en perjuicio de los Estados y municipios. Ello, a la vez, ha provocado una distorsión del propio ejercicio de la democracia y de la participación popular, por un falaz discurso que busca sustituir la democracia representativa por una «democracia participativa», como si representación y participación fueran conceptos dicotómicos, conduciendo en realidad a la destrucción de la propia democracia. Ello se ha hecho, además,

---

[29]    Allan R. Brewer-Carías, «El Municipio, la descentralización política y la democracia» en *XXV Congreso Iberoamericano de Municipios, Guadalajara, Jalisco, México, 23 al 26 de octubre del 2001*, México 2003, pp. 53-61. *V.*, las propuestas para el reforzamiento de la descentralización de la federación y el desmantelamiento de su centralización en la Asamblea Constituyente de 1999, en Allan R. Brewer-Carías, *Debate Constituyente (Aportes a la Asamblea Nacional Constituyente)*, I, Fundación de Derecho Público, Editorial Jurídica Venezolana, Caracas 1999, p. 155 ss.

[30]    Allan R. Brewer-Carías, «La opción entre democracia y autoritarismo (julio 2001)», pp. 41-59; «Democratización, descentralización política y reforma del Estado (julio-octubre 2001)» pp. 105-125; y «El Municipio, la descentralización política y la democracia (octubre 2001, en Allan R. Brewer, *Reflexiones sobre el constitucionalismo en América*, Editorial Jurídica Venezolana, Caracas 2001, pp. 127-141.

[31]    *V.*, Allan R. Brewer-Carías, *Federalismo y Municipalismo en la Constitución de 1999 (Alcance de una reforma insuficiente y regresiva)*, Cuadernos de la Cátedra Allan R. Brewer-Carías de Derecho Público, N° 7, Universidad Católica del Táchira, Editorial Jurídica Venezolana, Caracas-San Cristóbal 2001, 187 pp. *V.*, además, Allan R. Brewer-Carías, «El 'Estado Federal descentralizado' y la centralización de la Federación en Venezuela. Situación y Perspectiva de una contradicción constitucional», en *Revista de Estudios de la Administración Local (REAL)*, 292-293, mayo-diciembre 2003, Madrid 2003, pp. 11-43.

estableciendo inconstitucionalmente y en paralelo al Estado Constitucional, todo un sistema de un denominado Estado del Poder Popular o Estado Comunal, mediante organizaciones establecidas en forma escalonada creadas como instrumentos para controlar y someter a la población y establecer una sociedad socialista, negando por tanto todo pluralismo político y el derecho a «participar libremente en los asuntos públicos (art. 62), conducidas por unos supuestos «voceros» que no son sino agentes del poder central que no son electos mediante sufragio universal, directo y secreto.[32]

Este desconocimiento del derecho ciudadano a la distribución territorial del poder y por ende, de la participación política, además, comenzó con las propias previsiones de la Constitución de 1999, y el retroceso institucional que significó la eliminación del Senado, y con ello del principio de igualdad institucional de los Estados de la «federación». Además, permitió la posibilidad de establecer limitaciones mediante simple ley nacional a la autonomía de los Estados (Art. 162) e, incluso, de los Municipios (Art. 168), lo que fue la negación de la idea misma de descentralización política y de su garantía constitucional. Las competencias de los Estados se redujeron a un precario ámbito, eliminándose las competencias tributarias, con lo que se colocó a los Estados en una posición de dependencia financiera más acentuada. Incluso se invirtió el viejo principio federal del carácter residual de las competencias públicas a favor de los Estados, que en materia tributaria se asignaron al Poder Nacional; y que con la rechazada reforma constitucional que sancionó la Asamblea Nacional el 2 de noviembre de 2007, se buscaba completar respecto de todas las materias.

Por lo demás, en cuanto a los Municipios que debieron haber sido desarrollados como el centro de la participación política, lo que ha venido ocurriendo en Venezuela, con la estructuración de Estado Comunal, además de la desconstitucionalización del Estado, lo que ha ocurrido ha sido un proceso de desmunicipalización, mediante la transferencia de las competencias municipales a los mecanismos del Poder Popular controlados desde el Poder Central.

Todo este retroceso en la descentralización política ha distorsionado la propia posibilidad de participación política, es decir, la posibilidad para el ciudadano de ejercer el derecho de participar en la toma de decisiones políticas, lo cual como se ha dicho, sólo es posible cuando el poder está cerca de él, como consecuencia, precisamente, de la distribución territorial o descentralización del poder basado en la multiplicación de las autoridades locales con autonomía política,[33] conducida por representantes electos mediante sufragio,

---

[32]  Véase por ejemplo, Allan R. Brewer-Carías, «La Ley Orgánica del Poder Popular y la desconstitucionalización del Estado de derecho en Venezuela», en *Revista de Derecho Público*, No. 124, (octubre-diciembre 2010), Editorial Jurídica Venezolana, Caracas 2010, pp. 81-101.

[33]  *V.,* nuestras propuestas para el reforzamiento de la descentralización de la federación y el desmantelamiento de su centralización en Allan R. Brewer-Carías, *Debate Constituyente (Aportes a la Asamblea Nacional Constituyente)*, Tomo I, Fundación de Derecho Público, Editorial Jurídica Venezolana, Caracas 1999, pp. 155 y ss.

que es lo que puede servir, además, para que el poder controle al poder. Al contrario, en un esquema de centralización del poder, no sólo la participación política se torna en una ilusión retórica, sino que el sistema se convierte en fácil instrumento del autoritarismo.[34]

Por ello, también con motivo de la realización del referendo aprobatorio de la Constitución de 1999, advertíamos que:

«La gran reforma del sistema político, necesaria e indispensable para perfeccionar la democracia era *desmontar el centralismo de Estado y distribuir el Poder Público en el territorio*; única vía para hacer realidad la participación política. La Asamblea Constituyente –agregábamos , para superar la crisis política, *debió diseñar la transformación del Estado, descentralizando el poder* y sentar las bases para acercarlo efectivamente al ciudadano. Al no hacerlo, *ni transformó el Estado ni dispuso lo necesario para hacer efectiva la participación*».[35]

La Constitución de 1999, en esta materia, en realidad resultó un fraude encubierto en una mezcolanza terminológica contradictoria. En su texto se reguló un esquema de Estado centralizado, pero engañosamente utilizando en múltiples ocasiones las palabras «descentralización» y «participación», las cuales en la rechazada reforma constitucional sancionada por la Asamblea Nacional el 2 de noviembre de 2007, se buscaba que desaparecieran totalmente del texto constitucional; y, además, proclamando como valor global la llamada «democracia participativa», pero contradictoriamente, sin distribuir efectivamente el poder en el territorio, y sin permitir la efectiva posibilidad de participación política del ciudadano en la conducción de los asuntos públicos en entidades políticas autónomas y descentralizadas. Todo ello se buscaba que desapareciera con la rechazada reforma constitucional de 2007, que pretendía estructurar un Estado Socialista centralizado montado sobre unos Consejos del Poder Popular totalmente controlados desde la Presidencia de la República, con integrantes que no son electos popularmente; y es lo que se ha venido haciendo, inconstitucionalmente en fraude aa la voluntad popular que lo rechazó y a la Constitución mima, mediante las Leyes del Poder Popular sancionadas por la Asamblea nacional desde 2006 y 2010.[36]

---

[34] *V.*, los estudios «La opción entre democracia y autoritarismo (julio 2001)», pp. 41-59; «Democratización, descentralización política y reforma del Estado (julio-octubre 2001)», pp. 105-125; y «El Municipio, la descentralización política y la democracia (octubre 2001)», pp. 127-141, en Allan R. Brewer, *Reflexiones sobre el constitucionalismo en América*, Editorial Jurídica Venezolana, Caracas 2001.

[35] Documento de 30 de noviembre de 1999. *V.*, en Allan R. Brewer-Carías, *Debate Constituyente (Aportes a la Asamblea Nacional Constituyente)*, Tomo III, Fundación de Derecho Público, Editorial Jurídica Venezolana, Caracas 1999, p. 323.

[36] Véase Allan R. Brewer-Carías, «*Introducción General al Régimen del Poder Popular y del Estado Comunal (O de cómo en el siglo XXI, en Venezuela se decreta, al margen de la Constitución, un Estado de Comunas y de Consejos Comunales, y se establece una sociedad socialista y un sistema económico comunista, por los cuales nadie ha votado)*», en Allan R. Brewer-Carías, Claudia Nikken, Luis A. Herrera Orellana, Jesús María Alvarado Andrade, José Ignacio

La participación política, que es un derecho constitucional que no debe confundirse con la movilización popular, sólo es posible en las democracias a nivel local, en unidades territoriales políticas y autónomas descentralizadas donde se practique el autogobierno mediante *representantes electos en forma directa, universal y secreta*; y no se puede confundir con mecanismos de democracia directa como los referendos, las asambleas de ciudadanos y los Consejos Comunales. Estos últimos fueron creados en Venezuela (2006), paralelamente a los Municipios, sin embargo, configurados como instancias sin autonomía política y con miembros que no son electos popularmente mediante sufragio, siendo conducidos exclusivamente desde la jefatura del Estado para la centralización del poder.

En cambio, tal como lo enseña la historia y práctica política, nunca ha habido autoritarismos descentralizados, y menos autoritarismos que hayan podido permitir el ejercicio efectivo del derecho a la participación política. La centralización política del poder es de la esencia de los autoritarismos, y es contraria a la democracia, impidiendo a la vez toda posibilidad de participación, siendo en definitiva la base de la exclusión política al concentrar el poder en unos pocos, independientemente de que hayan sido electos. Por ello, los autoritarismos temen y rechazan tanto la real descentralización política como la participación democrática, lo que constituye una negación, en definitiva, del derecho a la distribución territorial del poder y del derecho a la democracia.

En cambio, la distribución territorial del poder, es decir, la descentralización política, es como se ha dicho, la que puede permitir el ejercicio efectivo de una democracia participativa, y la vez, del derecho a la posibilidad de controlar el poder, implicando siempre la creación de entidades autónomas de autogobierno cuyos miembros *necesariamente tienen que ser electos por votación universal, directa y secreta del pueblo*, y no simplemente designados a mano alzada por asambleas de ciudadanos controladas por el poder central o por un partido de gobierno.[37] Éstas, en esa forma configuradas, no pasan de ser instituciones de manejo centralizado, dispuestas para hacerle creer al ciudadano que participa, cuando lo que se hace es, si acaso, movilizarlo en forma totalmente controlada por el Poder Central. Es decir, no es posible mediante el recurso al engaño de una supuesta «democracia participativa y

---

Hernández y Adriana Vigilanza, *Leyes Orgánicas sobre el Poder Popular y el Estado Comunal (Los consejos comunales, las comunas, la sociedad socialista y el sistema económico comunal)* Colección Textos Legislativos N° 50, Editorial Jurídica Venezolana, Caracas 2011, pp. 9-182.

[37] Ley de los Consejos Comunales en *Gaceta Oficial* N° 5.806 Extraordinaria del 10 de abril de 2006. *V.,* Allan R. Brewer-Carías, «El inicio de la desmunicipalización en Venezuela: La organización del Poder Popular para eliminar la descentralización, la democracia representativa y la participación a nivel local», en *AIDA, Opera Prima de Derecho Administrativo. Revista de la Asociación Internacional de Derecho Administrativo*, 49-67 (Universidad Nacional Autónoma de México, Facultad de Estudios Superiores de Acatlán, Coordinación de Postgrado, Instituto Internacional de Derecho Administrativo «Agustín Gordillo», Asociación Internacional de Derecho Administrativo, México, 2007).

protagónica», que no está montada en la descentralización, sino en la conformación de unos Consejos Comunales en los cuales se elimina la representatividad política, pues sus miembros *no son electos por votación universal, directa y secreta del pueblo,* sino que son designados por asambleas de ciudadanos controladas por el partido de gobierno.[38] En definitiva, se trata de instituciones de manejo centralizado, dispuestas para hacerle creer al ciudadano que participa, cuando lo que se hace es movilizarlo en forma totalmente controlada por el Poder Central.

La verdad es que para que la democracia sea inclusiva o de inclusión, es decir, participativa, la misma tiene que permitir al ciudadano poder ser parte efectivamente de una comunidad política que tenga autonomía; lo que sólo puede tener lugar en entidades políticas autónomas, como los Municipios, producto de la distribución territorial del poder, como sucede en todas las sociedades democráticas.

La gran reforma democrática que se requería en 1999 para asegurar la participación política era, en realidad, esencialmente, la municipalización del país, garantizando efectivamente el derecho a la distribución territorial del poder, y poder acercar las instituciones locales autónomas al ciudadano. Para ello, lo que había que hacer era multiplicar los municipios en lugar de reducirlos, lo que no se hizo; y lo peor es que en su lugar se los ha querido sustituir y marginalizar con la creación de los Consejos Comunales, que se han configurado en un sistema institucional *centralizado* denominado «del Poder Popular», con lo que se inició formalmente, en nombre de una supuesta democracia participativa, la eliminación de la propia democracia representativa, todo lo cual se buscaba constitucionalizar con la rechazada reforma constitucional que había sancionado por la Asamblea Nacional el 2 de noviembre de 2007. Y que, en fraude a la voluntad popular que la rechazó, se ha venido implementando mediante leyes inconstitucionales que el Juez Constitucional se niega a controlar.

La consecuencia fundamental de todo este sistema ha sido la centralización progresiva del poder en la Jefatura del Ejecutivo Nacional, y el aniquilamiento de cualquier forma de control del poder mediante su distribución territorial, y en definitiva, la eliminación del derecho ciudadano a la distribución territorial del poder y, en definitiva, a la participación política.

---

[38]   *V.,* Ley de los Consejos Comunales en *Gaceta Oficial* N° 5.806 Extraordinaria del 10 de abril de 2006. *V.,* Allan R. Brewer-Carías, «El inicio de la desmunicipalización en Venezuela: La organización del Poder Popular para eliminar la descentralización, la democracia representativa y la participación a nivel local», en *AIDA, Opera Prima de Derecho Administrativo. Revista de la Asociación Internacional de Derecho Administrativo,* Universidad Nacional Autónoma de México, Facultad de Estudios Superiores de Acatlán, Coordinación de Postgrado, Instituto Internacional de Derecho Administrativo «Agustín Gordillo», Asociación Internacional de Derecho Administrativo, México, 2007, pp. 49 a 67.

**3.** *El derecho a la alternabilidad republicana como principio pétreo en la Constitución*

Otro de los derechos esenciales de la democracia en el mundo contemporáneo, es el derecho ciudadano a la alternabilidad en el ejercicio del poder, es decir, no solo a que los gobernantes se turnen con base en el ejercicio del derecho al sufragio, sino que los ciudadanos tengan la posibilidad efectiva de votar por diferentes candidatos evitando que los gobernantes se perpetúen en el ejercicio del poder, pues ello, en definitiva, mina la democracia.

Como lo advirtió en su momento Simón Bolívar:

«Las repetidas elecciones son esenciales en los sistemas populares, porque nada es tan peligroso como dejar permanecer largo tiempo en un mismo ciudadano el poder. El pueblo se acostumbra a obedecerle y él se acostumbra a mandarlo; de donde se origina la usurpación y la tiranía. … nuestros ciudadanos deben temer con sobrada justicia que el mismo Magistrado, que los ha mandado mucho tiempo, los mande perpetuamente».[39]

Este es en efecto, la esencia del derecho político a la alternabilidad republicana, o derecho a que no haya reelecciones indefinidas, que incluso en la Constitución de 1999 se consagró como un principio pétreo, así:

«Art. 6. El Gobierno de la república Bolivariana de Venezuela y de las entidades politicas que la componen es y será siempre democrático, participativo, electivo, descentralizado, alternativo, republicano, pluralista y de mandatos revocables».

Y ello no es otra cosa que la consagración constitucional  del derecho de todos los ciudadanos a tener un (i) «gobierno republicano» y (ii) un «gobierno democrático», lo que solo es posible cuando el mismo esté formado por representantes electos mediante sufragio universal directo y secreto, es decir, mediante (iii) un «gobierno electivo;» del derecho ciudadano a que el tener un (iv) «gobierno pluralista», que represente las corrientes políticas fundamentales del país, sin exclusiones; del derecho ciudadano a tener un (v) «gobierno participativo», en el sentido de que en el mismo puedan participar políticamente los ciudadanos, lo cual solo puede logarse mediante la descentralización política, razón por la cual la norma también consagra el derecho ciudadano a tener un (vi) «gobierno descentralizado;» a que el gobierno sea conducido por gobernantes que se alternen en el ejercicio del poder, es decir, mediante un (vii) «gobierno alternativo», teniendo además los ciudadanos a remover del ejercicio del poder a los gobernantes mediante referendo, asegurando así también, el derecho político ciudadano a tener un (viii) «gobierno de mandatos revocables».

---

[39]  Véase en Simón Bolívar, *Escritos Fundamentales*, Caracas, 1982.

En particular, al expresar en la Constitución venezolana que el gobierno «es y será siempre alternativo», significa lo que las palabras expresan, que se trata de la formulación de un principio constitucional pétreo que apunta a que nunca el gobierno de la República puede dejar de ser alternativo, tal como además siempre se ha expresado en todos los 26 textos constitucionales que ha tendido Venezuela en toda su historia constitucional, en la misma invariable forma que aún se conserva en dicha norma del artículo 6 de la Constitución de 1999.

Y la palabra utilizada para expresar el principio ha sido siempre la misma de «alternabilidad», en el sentido de gobierno «alternativo» o de la «alternabilidad o alternancia republicana» en el poder, y que expresa la idea de que no puede haber cargos producto de la elección popular que permanezcan ocupados por una misma persona, sino que al contrario que debe tratarse de cargos en los cuales las personas se turnen sucesivamente, en el sentido de que los cargos deben desempeñarse por turnos (*Diccionario de la Real Academia Española*).[40]

Por ello, la Sala Electoral del Tribunal Supremo de Justicia de Venezuela en una sentencia n° 51 de 18-3-2002, consideró el principio de la alternabilidad como «principio general y presupuesto democrático», indicando que el mismo significa «el ejercicio sucesivo de un cargo por personas distintas, pertenezcan o no a un mismo partido».

Con ello, en definitiva, la norma venezolana consagró un derecho constitucional de los ciudadanos, derivado del derecho a la democracia, que es el derecho a la alternancia en el ejercicio de los cargos públicos, que es lo mismo al derecho ciudadano a la no reelección indefinida en los cargos públicos.

En esta materia, sin duda, prevalece el derecho colectivo a la democracia y a la alternabilidad republicana que tiene todo el pueblo, sobre el derecho individual que podría tener una persona a ser electo o reelecto; razón por la cual este último derecho individual cede ante el derecho colectivo de todos; y no se puede invocar para alegar una supuesta «inconstitucionalidad» de las limitaciones que en general las constituciones imponen respecto de la reelección en cargos públicos.

Todo lo anterior, sin embargo, se quiso cambiar en la propuesta de reforma constitucional de 2007, afortunadamente rechazada por el pueblo, pero solo para que inconstitucionalmente se volviera a someter el asunto a votación popular en la Enmienda Constitucional de 2009, mediante la cual se incorporó en Venezuela el principio contrario al tradicional, de la reelección indefinida, abandonándose el principio de la alternabilidad republicana.

---

[40]  Véase el Voto Salvado a la sentencia n° 53, de la Sala Constitucional de 2 de febrero de 2009 (Caso: *Interpretación de los artículos 340,6 y 345 de la Constitución*), en http:/ www.tsj.gov.ve/ decisions/scon/Febrero/53-3209-2009-08-1610.html

**4.** *El derecho al pluralismo político y a la libre participación en los asuntos públicos*

Otro derecho constitucional que tienen los ciudadanos, derivado del derecho a la democracia, es el derecho que tiene todo ciudadano a tener un «gobierno pluralista», tal como incluso lo establece el artículo 6 de la Constitución de 1999; siendo el «pluralismo político», además, conforme al artículo 2 del mismo texto, uno de los «valores superiores del ordenamiento jurídico y de la actuación del «Estado democrático y social de Derecho y de Justicia», que la misma instituye.

El pluralismo político, por lo demás, es la regla política fundamental de la democracia que se fundamenta en el concepto de libertad, la cual, por lo demás, condiciona le formulación de los derechos fundamentales en la Constitución, como sucede por ejemplo, con el derecho de todos «al *libre* desenvolvimiento de la personalidad» (art 20); el derecho «de participar *libremente* en los asuntos públicos, directamente o por medio de sus representantes electos», (art. 62); el derecho a ejercer el sufragio «mediante votaciones *libres*» (art. 63); el derecho a expresar «*libremente* los pensamientos, ideas u opiniones» (art. 57), siendo la comunicación siempre «*libre* y plural» (art. 58); el derecho a la «creación cultural *libre*» (art. 98; el derecho de todos de «dedicarse *libremente* a la actividad económica de la preferencia» de cada quien (art. 112); siendo la «*libre* competencia» uno de los principios en los cuales se fundamente el régimen socioeconómico (art. 299).

En una sociedad democrática y libre, en consecuencia, la ideología única está proscrita, como lo está la imposición de alguna «verdad oficial» o la restricción a expresar el pensamiento; al igual que está proscrita el que el derecho a la participación política no sea libre, sino sujeto y canalizado exclusivamente por el Estado, y menos aún marcado exclusivamente por una ideología.

En consecuencia, el establecimiento por ejemplo de todo el esquema institucional del Estado Comunal o Estado del Poder Popular en Venezuela, a partir de 2010, solo orientado a imponer el socialismo,[41] excluyendo la participación de quienes no lo son, viola el derecho constitucional a la democracia y en particular al pluralismo político que todos tienen.

---

[41]    Véase Véase Allan R. Brewer-Carías, «*Introducción General al Régimen del Poder Popular y del Estado Comunal (O de cómo en el siglo XXI, en Venezuela se decreta, al margen de la Constitución, un Estado de Comunas y de Consejos Comunales, y se establece una sociedad socialista y un sistema económico comunista, por los cuales nadie ha votado)*», *en Allan R. Brewer-Carías*, Claudia Nikken, Luis A. Herrera Orellana, Jesús María Alvarado Andrade, José Ignacio Hernández y Adriana Vigilanza, *Leyes Orgánicas sobre el Poder Popular y el Estado Comunal (Los consejos comunales, las comunas, la sociedad socialista y el sistema económico comunal)* Colección Textos Legislativos N° 50, Editorial Jurídica Venezolana, Caracas 2011, pp. 9-182.

**5.** *El derecho ciudadano a la buena administración, a la transparencia guber-*
*namental y a la redición de cuentas*

Si bien la Administración Pública es, ante todo, el instrumento del Estado para la gestión de los asuntos públicos, la misma tiene una misión específica, que es la que responde a su carácter servicial, es decir, la de estar al servicio de los ciudadanos (art. 141 de la Constitución), razón por la cual estos tienen derecho a que haya una buena Administración, lo que implica, como consecuencia, que también tengan el derecho político a la transparencia gubernamental y a que los gobernantes rindan cuenta de su gestión.

Todos son derechos políticos derivados del derecho a la democracia, lo que incluso tiene consagración expresa en los elementos esenciales de la misma enumerados en la *Carta Democrática Interamericana*, donde se identifica expresamente a la «transparencia de las actividades gubernamentales», y a «la probidad y la responsabilidad de los gobiernos en la gestión pública» (Art. 4).

Esos derechos políticos a la buena administración, a la transparencia y a la rendición de cuentas conllevan, además, a otro derecho elemental respecto del funcionamiento de la Administración Pública, que es el derecho ciudadano de tener acceso a la información administrativa, y la consiguiente obligación de los órganos de la Administración Pública de informar y en algunos casos, de publicar informaciones de interés general.

Estos derechos respecto de la Administración imponen la necesidad de que prevalezca en la actividad administrativa, el conocido principio de la «Casa de Cristal», que exige transparencia[42] en las informaciones que debe suministrar la Administración a los administrados.

Esos derechos implican la obligación que se impone a los gobernantes de desarrollar las actividades gubernamentales con total transparencia, a los efectos de que los ciudadanos puedan ejercer el antes mencionado derecho esencial de la democracia, que es el de controlar el ejercicio del poder. Tal como lo expresó hace décadas el Juez Louis Brandeis de la Corte Suprema de los Estados Unidos, «la luz del sol es el mejor desinfectante»,[43] es decir, la publicidad respecto de las actividades gubernamentales es la mejor garantía al derecho político a la transparencia, de manera de poder asegurarle a los ciudadanos el

---

[42]  *V.* Allan R. Brewer-Carías, «De la Casa de Cristal a la Barraca de Hierro: el Juez Constitucional vs. El derecho de acceso a la información administrativa», en *Revista de Derecho Público*, N° 123, (julio-septiembre 2010), Editorial Jurídica Venezolana, Caracas 2010, pp. 197-206. En este trabajo comenté la sentencia N° 745 de 15 de julio de 2010 (*V.* http://www.tsj.gov.ve/decisiones/scon/Julio/745-15710-2010-09-1003.html), la Sala Constitucional del Tribunal Supremo de Venezuela, en la cual se declaró sin lugar una acción de *habeas data* que había sido intentada por la *Asociación Civil Espacio Público* contra la Contraloría General de la República, negándosele el derecho a la misma de acceso a la información administrativa sobre las remuneraciones pagadas a los funcionarios del órgano de control fiscal, bajo el argumento de que ante ese derecho supuestamente privaba el derecho a la privacidad o «intimidad económica» de los funcionarios.

derecho de tener información sobre la acción gubernamental para poder controlar la eficiencia y la eficacia en la Administración Pública, para lo cual, precisamente, la Constitución establece tanto el derecho de acceso a la información administrativa, como el derecho de los ciudadanos de acceso a la justicia para ejercer dicho control.

## 6. *El derecho a la tutela judicial efectiva*

Pero además del derecho ciudadano a la separación de poderes y a la distribución territorial del poder, para controlarlo, el derecho a la democracia también conlleva la existencia de un tercer derecho ciudadano que es el mismo que ya destacamos cuando nos referimos al derecho a la Constitución, y que es el derecho a la tutela judicial efectiva y a ejercer el control judicial efectivo del ejercicio del poder, lo que exige, ineludiblemente, que la autonomía e independencia del Poder Judicial en su conjunto y de los jueces en particular, estén garantizadas. Por ello, también como parte del derecho ciudadano a la separación de poderes y como parte del derecho a la democracia, se puede identificar un derecho ciudadano a la independencia y autonomía de los jueces que, en un Estado democrático de derecho, la Constitución y todos los poderes del Estado deben garantizar. Se trata de darle plena efectividad al mencionado derecho constitucional a la separación de poderes, porque sin éste, simplemente no puede hablarse ni de Estado de derecho, ni de posibilidad de control judicial del poder, ni de derecho a la democracia, y sin ello, es imposible hablar siquiera del equilibrio que debe asegurarse entre los poderes del Estado y los derechos ciudadanos.

El principio de la independencia y autonomía del Poder Judicial está declarado en el artículo 254 de la Constitución de 1999, pero la base fundamental para asegurarlas está en las normas relativas al ingreso de los jueces a la carrera judicial y a su permanencia y estabilidad en los cargos. A tal efecto, en cuanto a la carrera judicial, de acuerdo con lo dispuesto en el artículo 255 de la Constitución, el ingreso a la misma y el ascenso de los jueces solo se debe hacer mediante concursos públicos de oposición que aseguren la idoneidad y excelencia de los participantes, debiendo la ley garantizar la participación ciudadana en el procedimiento de selección y designación de los jueces. Por otra parte, la Constitución dispuso que los jueces sólo pueden ser removidos o suspendidos de sus cargos mediante juicios disciplinarios llevados por jueces disciplinarios (art. 255).

Lamentablemente, sin embargo, nada de lo que estableció la Constitución para asegurar la independencia y autonomía de los jueces se ha implementado durante su casi década de vigencia, de manera que la realización de los concursos públicos para el ingreso a la carrera judicial no han tenido lugar, y conforme a una interminable transitoriedad constitucional y del funcionamiento de una inconstitucional «Comisión de Funcionamiento del Poder Judicial» creada en 1999 por la Asamblea Nacional Constituyente, regularizada legislativamente en 2004, la importante jurisdicción disciplinaria tampoco se ha establecido en Venezuela y, peor aún, con la anuencia del propio Tribunal Supremo de Justicia el cual renunció a asumir sus funciones constitucionales.

En esta forma, a partir de 1999, se destituyeron materialmente a casi todos los jueces del país[44], pero para reemplazarlos solo por jueces provisorios o temporales[45], con lo cual desde 1999 se produjo un proceso de intervención sistemática y continua del Poder Judicial, que comenzó con la que decretó la Asamblea Nacional Constituyente[46], que ha continuado durante casi una década, demoliéndose sistemáticamente su autonomía[47]. Con todo ello, el derecho a la tutela judicial efectiva y al control judicial del poder ha quedado marginado.

Lo grave de la irregular situación, derivada de la masiva remoción de jueces sin debido proceso alguno, designándose para sustituirlos a jueces provisorios y temporales, fue que en 2006 se pretendió solventar el problema de la provisionalidad a través de un «Programa Especial para la Regularización de la Titularidad» dirigido a los dotar de permanencia a los jueces accidentales, temporales o provisorios, burlándose el sistema de ingreso a la función judicial que constitucionalmente, como se dijo, sólo debería ocurrir mediante concursos públicos de oposición (artículo 255). Con ello, en definitiva, lo que se buscó fue consolidar los efectos de los nombramientos «a dedo» provisionales, y su consecuente dependencia del poder.

Por otra parte, en cuanto a la selección de los Magistrados del Tribunal Supremo de Justicia, como se dijo, la Constitución de 1999 creó el Comité de

---

[43]   *V.* Louis Brandeis, «What publicity can do?» en *Harper's Weekly*, December 20, 1913.

[44]   La Comisión Interamericana de Derechos Humanos también lo registró en el Capítulo IV del *Informe* que rindió ante la Asamblea General de la OEA en 2006, que los «casos de destituciones, sustituciones y otro tipo de medidas que, en razón de la provisionalidad y los procesos de reforma, han generado dificultades para una plena vigencia de la independencia judicial en Venezuela» (párrafo 291); destacando aquellas «destituciones y sustituciones que son señaladas como represalias por la toma de decisiones contrarias al Gobierno» (párrafo 295 ss.); concluyendo que para 2005, según cifras oficiales, «el 18,30% de las juezas y jueces son titulares y 81,70% están en condiciones de provisionalidad» (párrafo 202).

[45]   En el *Informe Especial* de la Comisión sobre Venezuela correspondiente al año 2003, la misma también expresó, que «un aspecto vinculado a la autonomía e independencia del Poder Judicial es el relativo al carácter provisorio de los jueces en el sistema judicial de Venezuela. Actualmente, la información proporcionada por las distintas fuentes indica que más del 80% de los jueces venezolanos son «provisionales». *Informe sobre la Situación de los Derechos Humanos en Venezuela 2003, cit.* párr. 161

[46]   *V.,* nuestro voto salvado a la intervención del Poder Judicial por la Asamblea Nacional Constituyente en Allan R. Brewer-Carías, *Debate Constituyente, (Aportes a la Asamblea Nacional Constituyente),* Tomo I, (8 agosto-8 septiembre), Caracas 1999; y las críticas formuladas a ese proceso en Allan R. Brewer-Carías, *Golpe de Estado y proceso constituyente en Venezuela,* Universidad Nacional Autónoma de México, México 2002.

[47]   *V.,* Allan R. Brewer-Carías, «La progresiva y sistemática demolición de la autonomía en independencia del Poder Judicial en Venezuela (1999-2004)», en *XXX Jornadas J.M Domínguez Escovar, Estado de derecho, Administración de justicia y derechos humanos,* Instituto de Estudios Jurídicos del Estado Lara, Barquisimeto, 2005, pp.33-174.

Postulaciones Judiciales (art. 270), que debía haber estado integrado por representantes de los diferentes sectores de la sociedad, pero la Ley Orgánica del Tribunal Supremo de Justicia de 2004, lo que reguló fue una Comisión parlamentaria ampliada, controlada por el Parlamento, burlando la disposición constitucional[48].

Sin embargo, desde antes habían comenzado las actuaciones al margen de la Constitución y el asalto al Tribunal Supremo de Justicia con el nombramiento «transitorio» en 1999 de los nuevos Magistrados del Tribunal Supremo de Justicia por la Asamblea Nacional Constituyente sin cumplirse los requisitos constitucionales ni asegurarse la participación de la sociedad civil en los nombramientos. En esa forma, las previsiones constitucionales sobre condiciones para ser magistrado y los procedimientos para su designación con participación de los sectores de la sociedad se violaron desde el inicio, continuando luego las violaciones por parte de la Asamblea Nacional al hacer las primeras designaciones en 2002 conforme a una «Ley especial» sancionada para efectuarlas transitoriamente, con contenido completamente al margen de las exigencias constitucionales.

Después vino, la señalada reforma de la Ley Orgánica del Tribunal Supremo de Justicia de 2004, con la cual se aumentó el número de Magistrados de 20 a 32, los cuales fueron elegidos por la Asamblea Nacional en un procedimiento enteramente dominado por el Presidente de la República, como incluso lo anunció públicamente en víspera de los nombramientos, el entonces Presidente de la Comisión parlamentaria encargada de escoger los candidatos a Magistrados del Tribunal Supremo[49]. Con razón, la Comisión Interamericana de Derechos Humanos indicó en su *Informe* a la Asamblea General de la OEA correspondiente a 2004 que «estas normas de la Ley Orgánica del Tribunal Supremo de Justicia habrían facilitado que el Poder Ejecutivo manipulara el proceso de elección de magistrados llevado a cabo durante 2004»[50].

Por otra parte, en cuanto a la estabilidad de los Magistrados del Tribunal Supremo de Justicia, el artículo 265 de la Constitución dispuso que los mismos podían ser removidos por la Asamblea Nacional mediante una mayoría calificada de las dos terceras partes de sus integrantes, previa audiencia con-

---

48    V., los comentarios en Allan R. Brewer-Carías, Ley Orgánica del Tribunal Supremo de Justicia, Editorial Jurídica Venezolana, Caracas 200, pp. 32 ss.

49    El diputado Pedro Carreño, quien en enero de 2007 fue luego designado Ministro del Interior y de Justicia, afirmó lo siguiente: «Si bien los diputados tenemos la potestad de esta escogencia, el Presidente de la República fue consultado y su opinión fue tenida muy en cuenta» (Resaltado añadido). Agregó: «Vamos a estar claros, nosotros no nos vamos a meter autogoles. En la lista había gente de la oposición que cumple con todos los requisitos. La oposición hubiera podido usarlos para llegar a un acuerdo en las últimas sesiones, pero no quisieron. Así que nosotros no lo vamos a hacer por ellos. En el grupo de los postulados no hay nadie que vaya a actuar contra nosotros y, así sea en una sesión de 10 horas, lo aprobaremos». V., en El Nacional, Caracas, 13-12-2004.

50    Comisión Interamericana de Derechos Humanos, Informe sobre Venezuela 2004, párrafo 180.

cedida al interesado, en caso de faltas graves calificadas por el Poder Ciudadano. Con esta disposición, podía decirse que, en principio, la autonomía e independencia de los magistrados había desaparecido, al conformarse una vía de injerencia no conveniente ni aceptable de la instancia política del Poder en relación con la administración de Justicia. Con esta disposición, la Asamblea Nacional puede ejercer un control político sobre los Magistrados del Tribunal Supremo, los cuales permanentemente saben que en cualquier momento pueden ser investigados y removidos. Sin embargo, había la garantía de que al menos se exigía la necesidad de una mayoría calificada para la votación, la cual absurdamente fue eliminada en la práctica al preverse otra modalidad de remoción, con el sólo voto de la mayoría absoluta de los diputados, como inconstitucionalmente se estableció en evidente fraude a la Constitución, en la Ley Orgánica del Tribunal Supremo de Justicia en 2004;[51] y que se buscaba constitucionalizar con la rechazada reforma constitucional que había sancionado por la Asamblea Nacional el 2 de noviembre de 2007.

En esta forma, en Venezuela se ha configurado un Tribunal Supremo de Justicia altamente politizado y sujeto a la voluntad del Presidente de la República, que en la práctica ha eliminado toda la autonomía del Poder Judicial y el propio postulado de la separación de los poderes, como piedra angular del Estado de Derecho y de la vigencia de las instituciones democráticas; eliminando además, toda posibilidad de control judicial efectivo del poder por parte de los ciudadanos. El propio Presidente de la República incluso llegó a decir que para poder dictar sentencias, el Tribunal Supremo debía consultarlo previamente[52].

---

[51] *V.*, los comentarios en Allan R. Brewer-Carías, *Ley Orgánica del Tribunal Supremo de Justicia*, Editorial Jurídica Venezolana, Caracas 200, pp. 41 ss. Ello provocó la destitución o «jubilación» de los Magistrados que osaron no seguir la línea gubernamental, con lo cual el gobierno asumió un control absoluto del Tribunal Supremo de Justicia en general, y de cada una de sus Salas en particular, especialmente, de la Sala Constitucional. Fue el caso, por ejemplo, del Presidente del Tribunal Supremo de Justicia, quien fue Ponente de la sentencia de la Sala Plena Accidental de 14-08-2002 que decidió el antejuicio de mérito a los generales que actuaron el 12 de abril de 2002, declarando que no había mérito para enjuiciarlos porque en esa ocasión no había ocurrido un golpe militar sino un vacío de poder; y del Presidente y otros dos Magistrados de la Sala Electoral, quienes suscribieron la sentencia de fecha sentencia N° 24 del 15-03-2004 (Caso: *Julio Borges, César Pérez Vivas, Henry Ramos Allup, Jorge Sucre Castillo, Ramón José Medina y Gerardo Blyde vs. Consejo Nacional Electoral*), que suspendió los efectos de la Resolución N° 040302-131 de 02-03-2004, del Consejo Nacional Electoral que en su momento impidió la realización del referendo revocatorio presidencial

[52] Así lo afirmó el Jefe de Estado, cuando al referirse a una sentencia de la Sala Constitucional muy criticada, en la cual reformó de oficio una norma de la Ley del Impuesto sobre la renta, simplemente dijo: «Muchas veces llegan, viene el Gobierno Nacional Revolucionario y quiere tomar una decisión contra algo por ejemplo que tiene que ver o que tiene que pasar por decisiones judiciales y ellos empiezan a moverse en contrario a la sombra, y muchas veces logran neutralizar decisiones de la Revolución a través de un juez, o de un tribunal, o *hasta en el mismísimo Tribunal Supremo de Justicia, a espaldas del líder de la Revolución,* actuando por dentro contra la Revolución. Eso es, repito, traición al pueblo, traición a la Revolución». Discurso del Presidente de la Republica en el Primer Evento con propulsores del Partido Socialista Unido de Venezuela, Teatro Teresa Carreño, Caracas 24 marzo 2007.

Este sometimiento del Tribunal Supremo a la voluntad del Ejecutivo Nacional ha sido catastrófica en relación a la autonomía e independencia del Poder Judicial, particularmente si se tiene en cuenta, además, que dicho Tribunal ejerce el gobierno y administración de todo el Poder judicial. Con ello, se ha alienado al Poder Judicial de su función fundamental de servir de instrumento de control de las actividades de los otros órganos del Estado para asegurar su sometimiento a la ley, y materialmente ha desaparecido el derecho ciudadano a la tutela judicial efectiva y al controlar del poder.

## REFLEXIÓN FINAL

De todo lo anterior resulta, con evidencia, que para que exista democracia como régimen político en un Estado constitucional y democrático de derecho, no son suficientes las declaraciones contenidas en los textos constitucionales que hablen del derecho al sufragio y a la participación política; ni de la división o separación horizontal del Poder Público, ni de su distribución vertical o territorial, de manera que los diversos poderes del Estado puedan limitarse mutuamente. Tampoco bastan las declaraciones que se refieran a la posibilidad de los ciudadanos de controlar el poder del Estado, mediante elecciones libres y justas que garanticen la alternabilidad republicana; mediante un sistema de partidos que permita el libre juego del pluralismo democrático; mediante la libre manifestación y expresión del pensamiento y de la información que movilice la opinión pública; o mediante el ejercicio de recursos judiciales ante jueces independientes que permitan asegurar la vigencia de los derechos humanos y el sometimiento del Estado al derecho. Tampoco bastan las declaraciones constitucionales sobre la «democracia participativa y protagónica» o la descentralización del Estado; así como tampoco la declaración extensa de derechos humanos.

Además de todas esas declaraciones, es necesaria que la práctica política democrática asegure efectivamente la posibilidad de controlar el poder, como única forma de garantizar la vigencia del Estado de derecho, y el ejercicio real de los derechos humanos. Y para ello, sin duda, es que hay que destacar entre las nuevas tendencias del derecho constitucional en el Siglo XXI, la necesidad de identificar nuevos derechos ciudadanos propios del Estado Constitucional y democrático, como son precisamente, el derecho a la Constitución y el derecho a la democracia.

Como hemos visto, en Venezuela, lamentablemente nada de ello se ha implementado, y al contrario, en fraude continuo a la Constitución efectuado por el Legislador y por el Tribunal Supremo de Justicia, guiados por el Poder Ejecutivo, a pesar de las excelentes normas constitucionales que están insertas en el Texto fundamental, se ha venido estructurando un Estado autoritario en contra de las mismas, que ha aniquilado toda posibilidad de control del ejercicio del poder y, en definitiva, el derecho mismo de los ciudadanos a la democracia.

Y todo ello se pretendía consolidar con la reforma constitucional sancionada por la Asamblea Nacional el 2 de noviembre de 2007, rechazó mediante el referendo del 2 de diciembre de 2007, con la cual se buscaba establecer un Estado centralizado, socialista, militarista y policial, mediante un sistema de organización de un Poder Único, denominado del Poder Popular o del Poder Comunal, completamente concentrado y centralizado, y conducido políticamente por el Presidente de la República mediante un Partido Único que preside, con el objeto de imponerle a los venezolanos una supuesta «dictadura de la democracia»[53]; lo que es la propia negación de la democracia, pues en ella no puede haber ningún tipo de dictadura. Afortunadamente, como se dijo, el voto popular en el referendo del 2 de diciembre de 2007 rechazó tal reforma.

---

[53] Tal como lo anunció el Vicepresidente de la República (Jorge Rodríguez) en enero de 2007, al afirmar que: «Claro que queremos instaurar una dictadura, la *dictadura de la democracia verdadera* y la democracia es la dictadura de todos, ustedes y nosotros juntos, construyendo un país diferente. Claro que queremos que esta *dictadura de la democracia* se instaure para siempre», en *El Nacional*, Caracas 01-02-2007, p. A-2.

# SEGUNDA PARTE

## EL DERECHO POLÍTIO A LA ALTERNABILIDAD REPUBLICANA O DERECHO A LA NO REELECCIÓN INDEFINIDA, COMO CLÁUSULA PÉTREA CONSTITUCIONAL*
## (2011)

I.     **EL PRINCIPIO DE LA ALTERNABILIDAD REPUBLICANA FRENTE AL CONTINUÍSMO COMO CLÁUSULA CONSTITUCIONAL PÉTREA**

La Constitución Federal de los Estados de Venezuela del 21 de diciembre de 1811, cuyo segundo centenario estamos celebrando este año, incorporó al constitucionalismo venezolano e hispanoamericano el principio de la alternabilidad republicana al prever en su artículo 188, lo siguiente:

> «Artículo 188. Una dilatada continuación en los principales funcionarios del Poder Ejecutivo es peligrosa a la libertad, y esta circunstancia reclama poderosamente una rotación periódica entre los miembros del referido Departamento para asegurarla».

Es decir, desde el inicio se incorporó al constitucionalismo el principio de que debía haber una rotación periódica en los titulares del Poder Ejecutivo, considerándose, con razón, que la dilatada continuidad en el ejercicio de sus funciones era peligrosa a la libertad.

El principio lo expresó Simón Bolívar pocos años después, en su Discurso de Angostura de presentación del proyecto de Constitución al Congreso de 1819, al expresar:

> «…La continuación de la autoridad en un mismo individuo frecuentemente ha sido el término de los gobiernos democráticos. Las repetidas

---

*   Documento elaborado para la presentación sobre Venezuela en el *Seminario Internacional sobre reelección del titular del Poder Ejecutivo en las Américas*, Instituto de Investigaciones Jurídicas de la UNAM, Universidad Externado de Colombia, Fundación Konrad Adenauer, Bogotá, 12-15 de abril de 2011

1   Véase en Simón Bolívar, *Escritos Fundamentales*, Caracas, 1982.

49

elecciones son esenciales en los sistemas populares, porque nada es tan peligroso como dejar permanecer largo tiempo en un mismo ciudadano el poder. El pueblo se acostumbra a obedecerle y él se acostumbra a mandarlo; de donde se origina la usurpación y la tiranía. … nuestros ciudadanos deben temer con sobrada justicia que el mismo Magistrado, que los ha mandado mucho tiempo, los mande perpetuamente»[1].

El principio, sin embargo, no se enunció en el texto de la Constitución de 1819 en el cual no se usa la expresión alternabilidad, estableciéndose sólo expresamente su consecuencia respecto del Presidente de la República, al prever limites a la reelección del mismo, indicándose en el artículo 3, sección primera del Título 7º, que «la duración del presidente será de cuatro años, y no podrá ser reelegido más de una vez sin intermisión». Con ello se inició la tradición de establecer en las Constituciones límites a la reelección presidencial. La misma limitación a la reelección presidencial se incorporó en el artículo 107 de la Constitución de Colombia de 1821.

Fue, sin embargo, en la Constitución de 1830, una vez reconstituido el Estado de Venezuela al disolverse la Gran Colombia, cuando el principio enunciado en la Constitución de 1811 y formulado por el Libertador, se incorporó expresamente en forma directa como cláusula pétrea, al establecerse que

«Art. 6. El Gobierno de Venezuela es y será siempre republicano, popular, representativo, responsable y alternativo».

Expresar en la Constitución que el gobierno «es y será siempre alternativo» significa lo que las palabras expresan, que se trata de la formulación de un principio constitucional pétreo que apunta a que nunca el gobierno de la República puede dejar de ser alternativo, el cual en consecuencia siempre se ha expresado como tal, en todos los 26 textos constitucionales que ha tendido Venezuela en toda su historia constitucional, en  la misma invariable forma que aún se conserva en la Constitución de 1999 (art 6).

Y la palabra utilizada para expresar el principio ha sido siempre la misma de «alternabilidad», en el sentido de gobierno «alternativo» o de la «alternabilidad republicana» en el poder, y que expresa la idea de que no puede haber cargos producto de la elección popular ocupados por una misma persona, que las personas deben turnarse sucesivamente en los cargos, o que los cargos deben desempeñarse por turnos (*Diccionario de la Real Academia Española*).[2]  Por ello, la Sala Electoral del Tribunal Supremo de Justicia de Venezuela en sentencia nº 51 de 18-3-2002, consideró el principio de la alternabilidad como «principio general y presupuesto democrático», indicando que el mismo significa «el ejercicio sucesivo de un cargo por personas distintas, pertenezcan o no a un mismo partido».

———————————

[2]   Véase el Voto Salvado a la sentencia nº 53, de la Sala Constitucional de 2 de febrero de 2009 (Caso: *Interpretación de los artículos 340,6 y 345 de la Constitución*), en http:/ www.tsj.gov.ve/ decisions/scon/Febrero/53-3209-2009-08-1610.html

El principio, sin duda, como se deriva del texto de la Constitución de 1811 y del pensamiento del Libertador, se concibió históricamente para enfrentar las ansias de perpetuación en el poder, es decir, el continuismo, y evitar las ventajas que podrían tener en los procesos electorales quienes ocupan cargos y a la vez puedan ser candidatos para ocupar los mismos cargos. El principio de «gobierno alternativo», por tanto, no es equivalente al de «gobierno electivo;» la elección es una cosa, y la necesidad de que las personas se turnen en los cargos es otra.

La consecuencia de que el principio de la alternabilidad republicana se haya concebido siempre en la Constitución como un principio constitucional pétreo, es que como lo expresó el Tribunal Supremo, es un «principio general y presupuesto democrático» de la organización del Estado, que como tal, no puede ser modificado o reformado por los procedimientos de «reforma constitucional» o de «enmienda constitucional», sino por el procedimiento de la convocatoria de una Asamblea Nacional Constituyente.

En efecto, en la Constitución de 1999 se establecieron tres mecanismos institucionales para la revisión constitucional que se distinguen según la intensidad de las transformaciones que se proponen, y que son las Enmiendas constitucionales, las Reformas Constitucionales y la Asamblea Nacional Constituyente. Cada procedimiento tiene su sentido y ámbito de aplicación según la importancia de las modificaciones a la Constitución, de manera que para la aprobación de las «enmiendas», que sólo pueden tener por objeto la adición o modificación de uno o varios artículos de la Constitución, «sin alterar su estructura fundamental» (art. 340).se estableció la sola participación del pueblo como poder constituyente originario manifestado mediante referendo aprobatorio; para la aprobación de la «reforma constitucional», que sólo puede tener por objeto una revisión parcial de la Constitución y la sustitución de una o varias de sus normas «que no modifiquen la estructura y principios fundamentales» del texto constitucional (art. 342), se estableció la participación de uno de los poderes constituidos, –la Asamblea Nacional– y, además, del pueblo como poder constituyente originario manifestado mediante referendo; y para la revisión constitucional «con el objeto de transformar al Estado, crear un nuevo ordenamiento jurídico y redactar una nueva Constitución», incluyendo por exclusión la modificación de los principios pétreos, se previó la «Asamblea Nacional Constituyente», (art. 347) mediante la participación del pueblo como poder constituyente originario,[3] de dos maneras, primero, para la convocatoria y aprobación por referéndum del estatuto de la Asamblea Constituyente, y segundo, para la elección de los miembros de la Asamblea Constituyente.

Sobre estos tres mecanismos para la revisión constitucional, la propia Sala Constitucional del Tribunal Supremo de Justicia ha señalado que:

---

[3]   Véase lo expuesto en Allan R. Brewer–Carías, *Poder Constituyente originario y Asamblea Nacional Constituyente*, Caracas 1999.

«Cada uno de estos mecanismos de reforma tiene sus peculiaridades, los. cuales con una somera lectura del texto constitucional se puede apreciar que, por ejemplo, el procedimiento de enmienda, va a tener por objeto la adición o modificación de uno o varios artículos de la Constitución, tal como lo señala el artículo 340 de la Carta Magna. Por su parte, la reforma constitucional, se orienta hacia la revisión parcial de la Constitución, así como la sustitución de una o varias de sus normas (artículo 342). Ambos mecanismos, están limitados por la no modificación de la estructura fundamental del texto constitucional, y por un referéndum al cual debe estar sometido para su definitiva aprobación, Ahora bien, en el caso de que se quiera transformar el Estado, crear un nuevo ordenamiento jurídico y redactar una nueva Constitución, el texto constitucional vigente consagra la posibilidad de convocatoria a una Asamblea Nacional Constituyente (Artículo 347 eiusdem)»[4].

De lo anterior resulta que no puede utilizarse uno de los procedimientos de revisión constitucional para fines distintos a los regulados en la propia Constitución, pues de lo contrario, se incurriría en un fraude constitucional[5], tal como ocurrió con la reforma constitucional sancionada por la Asamblea Nacional el 2 de noviembre de 2007, que fue rechazada por voto popular en el referendo del 2 de diciembre de 2007, en la cual precisamente, se pretendió modificar el principio pétreo de la alternabilidad republicana mediante la eliminación de toda limitación a la reelección presidencial.

## II. LA CONSECUENCIA DEL PRINCIPIO DE LA ALTERNABILIDAD REPUBLICANA: LAS LIMITACIONES A LA REELECCIÓN

Además de su enunciado expreso en el texto de las constituciones como principio de la «alternabilidad», el mismo se materializó en el texto de las Constituciones venezolanas, con la inclusión de limitaciones expresas a las posibilidades de reelección en cargos electivos; entendiendo por reelección,

---

[4]  Véase sentencia N° 1140 de la Sala Constitucional de 05-19-2000, en *Revista de Derecho Público*, N° 84, Editorial Jurídica Venezolana, Caracas, 2000.

[5]  La Sala Constitucional del Tribunal Supremo de Justicia en la sentencia No. 74 de 25-01-2006 señaló que un *fraude a la Constitución* ocurre cuando se destruyen las teorías democráticas «mediante el procedimiento de cambio en las instituciones existentes aparentando respetar las formas y procedimientos constitucionales», o cuando se utiliza «del procedimiento de reforma constitucional para proceder a la creación de un nuevo régimen político, de un nuevo ordenamiento constitucional, sin alterar el sistema de legalidad establecido, como ocurrió con el *uso fraudulento de los poderes* conferidos por la ley marcial en la Alemania de la Constitución de *Weimar*, forzando al Parlamento a conceder a los líderes fascistas, en términos de dudosa legitimidad, la plenitud del poder constituyente, otorgando un poder legislativo ilimitado»; y que un *falseamiento de la Constitución* ocurre cuando se otorga «a las normas constitucionales una interpretación y un sentido distinto del que realmente tienen, que es en realidad una modificación no formal de la Constitución misma», concluyendo con la afirmación de que «*Una reforma constitucional sin ningún tipo de límites, constituiría un fraude constitucional*». Véase en *Revista de Derecho Público*, Editorial Jurídica Venezolana, No. 105, Caracas 2006, pp. 76 ss.

como lo destacó la Sala Constitucional del Tribunal Supremo citando a Dieter Nohlen, como «la posibilidad de que un funcionario sometido a elección pública, cuyo ejercicio se encuentre sujeto a un período previamente determinado o renovación periódica, pueda ser nuevamente postulado y electo una o más veces a la misma posición de Derecho».[6]

Así sucedió en las Constituciones de 1830, 1858, 1864, 1874, 1881, 1891, 1893, 1901, 1904, 1909, 1936, 1845 y 1947,[7] en las cuales se estableció, por ejemplo, la prohibición de la reelección del Presidente de la República para el período constitucional inmediato.[8] En la historia constitucional del país, en realidad, la prohibición de la reelección presidencial inmediata solamente dejó de establecerse en las Constituciones de los gobiernos autoritarios: ocurrió así en la efímera Constitución de 1857; en las Constituciones de Juan Vicente Gómez de 1914, 1922, 1925, 1928, 1929 y 1931; en la Constitución de Marcos Pérez Jiménez de 1953; y en la enmienda constitucional promovida por Hugo Chávez Frías en 2009. La prohibición de la reelección, en cambio, respecto del Presidente de la República, en el período democrático iniciado en 1958,[9] fue más amplia y la misma se extendió en la Constitución de 1961, a los dos períodos siguientes (10 años).

La flexibilización del principio, en cambio, como antes se dijo, aún cuando sin dejar de establecer limitaciones a la reelección presidencial, se produjo inicialmente en las Constituciones de 1819 y 1821 en las cuales se previó la posibilidad de reelección inmediata por una sola vez del Presidente de la República («no podrá ser reelegido más de una vez sin intermisión»); y se recogió en la Constitución de 1999, en cuyo artículo 230 se

---

6    Véase Dieter. Nohlen, «La Reelección», en VV.AA., *Tratado Electoral Comparado de América Latina*, Fondo de Cultura Económica y otros, México 1998, pp. 140 y ss. Citado en sentencia N° 51 de 18 de marzo de 2000 (Caso: *Federación Venezolana de Maestros (FVM) vs. Consejo Nacional Electoral*), en *Revista de Derecho Público*, N° 89-92, Editorial Jurídica Venezolana, Caracas, 2002, p. 109.

7    Véase el texto de todas las Constituciones en Allan R. Brewer-Carías, *Las Constituciones de Venezuela*, 2 vols., Academia de Ciencias Políticas y Sociales, Caracas 2008.

8    Sobre estas previsiones constitucionales, la Sala Constitucional del Tribunal Supremo, sin embargo, en sentencia No. 1.488 de 28 de julio de 2006 (*Caso*: Consejo Nacional Electoral vs. Revisión Decisión Sala Electoral del Tribunal Supremo de Justicia), concluyó indicando que «desde la Constitución de 1830 hasta la de 1947, se prohíbe de forma absoluta la reelección, sin que tal medida, aislada y sin la determinación de un sistema de gobierno que lo hiciera viable, en realidad, no sólo no impidió la existencia de gobiernos no democráticos, sino que sólo sirvió para disfrazar a través de subalternos, la verdadera continuidad de gobiernos con intereses ajenos al bienestar de la sociedad. De este modo, por ejemplo, las Constituciones gomecistas, de 1909 (artículo 84), 1914 (artículo 83), 1919 (artículo 83), 1928 (artículo 103) y 1931 (artículo 103), prohibieron la reelección inmediata con los resultados que han quedado para la historia, por lo que se evidencia que no puede haber divorcio entre una medida individual en el método de gobierno y la concepción general de justicia de un Estado». Véase en *Revista de Derecho Público*, No 107, Editorial Jurídica Venezolana, Caracas 2006, pp. 90 ss.

9    Ver Allan R. Brewer-Carías, *Historia Constitucional de Venezuela*, 2 vols., Editorial Alfa, Caracas 2008.

permitió la posibilidad de reelección presidencial de inmediato, pero por una sola vez, para un nuevo período.[10]

Por su parte, el artículo 192 de la Constitución de 1999, respecto de otros cargos electivos dispuso que los diputados a la Asamblea Nacional podían ser reelegidos sólo «por dos periodos consecutivos como máximo»; el artículo 160 dispuso que los Gobernadores de Estado podían ser «reelegidos, de inmediato y por una sola vez, para un nuevo período»; el artículo 162 dispuso que los legisladores a los Consejos Legislativos de los Estados podían ser reelegidos sólo «por dos periodos consecutivos como máximo»; y el artículo 174 dispuso que los Alcaldes podían ser «reelegidos, de inmediato y por una sola vez, para un nuevo período».

En este contexto de las limitaciones a la reelección, y su significado frente al continuismo y al abuso de poder, la misma Sala Electoral del Tribunal Supremo de Justicia en su sentencia N° 51 de 18 de marzo de 2000 (Caso: *Federación Venezolana de Maestros (FVM) vs. Consejo Nacional Electoral*), indicó que:

> «Este calificado «derecho» de reelección, aunque justificado como un mecanismo de extensión del buen gobierno, podría desvirtuarse y convertirse en una grave amenaza para la democracia: las ansias de perpetuación en el poder (continuismo), así como la evidente ventaja en los procesos electorales de quien ocupa el cargo y a su vez es candidato a ocupar el mismo, han producido tanto en Venezuela como en el resto de Hispanoamérica un profundo rechazo a la figura de la reelección. En el caso de la designación del Presidente de la República o el funcionario equivalente, esta desaprobación se ha traducido en rigurosas previsiones constitucionales, así, por ejemplo, en las Constituciones venezolanas de 1830, 1858, 1891, 1893, 1901, 1904, 1909, 1936, 1945 y 1947, se prohibía la reelección inmediata o para el período constitucional inmediatamente siguiente; la Constitución de 1961 prohibía la reelección hasta por diez años o dos períodos constitucionales después de la terminación del mandato, y actualmente, la Constitución de 1999, optando por una modalidad distinta para resguardar la alternabilidad, establece en su artículo 230: «...El Presidente o Presidenta de la República puede ser reelegido, de inmediato y

---

[10] Sobre esta previsión de la Constitución de 1999, la Sala Constitucional del Tribunal Supremo expresó en la sentencia mencionada No. 1488 de 28 de julio de 2006, que: «la Constitución de 1999, retomando la idea de la Constitución de Angostura, y en plena armonía con los principios garantistas a favor del ciudadano y de su rol protagónico en la empresa de desarrollo del Estado, permitió la reelección presidencial, pero dentro de un marco de políticas públicas en el que ello no es una medida aislada de inspiración caudillista, sino que constituye un elemento más dentro de una visión progresista en el que la separación de poderes, los derechos de los ciudadanos y los mecanismos de participación de los mismos, pueden generar los contrapesos y la colaboración necesarios para la satisfacción de los intereses del Estado que no son otros que los de los propios ciudadanos». Véase en *Revista de Derecho Público,* No 107, Editorial Jurídica Venezolana, Caracas 2006, pp. 90 ss.

por una sola vez, para un período adicional». Es de resaltar que aunque su formulación rompa con la tradición, las limitaciones a la reelección previstas por la Constitución de la República Bolivariana de Venezuela («...de inmediato y por una sola vez...»), ponen freno a las distorsiones que siempre han preocupado a nuestra democracia: el continuismo y el ventajismo electoral». [11]

La misma Sala Electoral, para reforzar el argumento de la compatibilidad de las limitaciones a la reelección con el principio de la alternabilidad, y la preocupación democrática frente al continuismo y ventajismo políticos, en la misma sentencia se refirió en particular a lo que se perseguía con el referendo sindical de 2000, exponiendo lo siguiente:

«En este mismo sentido, la convocatoria a referendo sindical contenida en Resolución del Consejo Nacional Electoral, número 001115-1979 del 15 de noviembre de 2000, publicada en Gaceta Oficial número 37.081 del 20 de noviembre de 2000 y que en referendo celebrado el 3 de diciembre de 2000, resultara favorecida la opción «Si», se preguntaba: ¿Está usted de acuerdo con la renovación de la dirigencia sindical, en los próximos 180 días, bajo Estatuto Especial elaborado por el Poder Electoral, conforme a los principios de alternabilidad y elección universal, directa y secreta, consagrados en el artículo 95 de la Constitución de la República Bolivariana de Venezuela, y que se suspenda durante ese lapso en sus funciones los directivos de las Centrales, Federaciones y Confederaciones Sindicales establecidas en el país? (Énfasis añadido). Resulta entonces claro que la tradicional preocupación democrática, tan evidente en la figura Presidente de la República, se extiende ahora a las asociaciones sindicales, organizaciones de la sociedad en las que resulta imperativo - tanto en la teoría como en la práctica- democratizar, y con ello, la alternancia en los cargos de dirección a través de elecciones libres.

El intento de armonizar el principio de alternabilidad de los cargos de elección pública y las ventajas prácticas de la posibilidad de reelección, han producido, por una parte, fórmulas como las ya mencionadas prohibiciones de reelegirse inmediatamente, aunque ello no impida posteriores reelecciones y, por la otra, la posibilidad de reelegirse inmediatamente, pero sólo una o dos veces más. Asimismo se aceptan combinaciones de las dos anteriores: reelegirse inmediatamente con posibilidades de una nueva elección después de transcurrido cierto tiempo, y, la no reelección inmediata con una única posibilidad de reelegirse una o dos veces más. En todo caso corresponderá al órgano legislativo correspondiente, escoger la fórmula más conveniente». [12]

---

[11] Véase en *Revista de Derecho Público*, N° 89-92, Editorial Jurídica Venezolana, Caracas, 2002, p. 109.

[12] Véase en *Revista de Derecho Público*, N° 89-92, Editorial Jurídica Venezolana, Caracas, 2002, p. 109. En materia sindical, el principio de la alternabilidad como signo de la democracia sindical se sostuvo luego en la sentencia de la misma Sala No. 175 de 20-

La propia Sala Electoral, sobre la justificación de la limitación a la reelección sucesiva, años después, en sentencia  No 73 de 30 de marzo de 2006 (Caso: Asociados de la Caja de Ahorro Sector Empleados Público), insistiría que:

> «se presenta como una técnica de control legislativo derivada en la inconveniencia de que un ciudadano se perpetúe en el poder, pretendiendo, entre otras cosas, restar capacidad de influencia a quien lo ha ejercido, y sobre todo preservar la necesidad de que los aspirantes estén en un mismo pie de igualdad y que los funcionarios electos no distraigan sus esfuerzos y atención en asuntos diferentes a la completa y cabal realización de su gestión».[13]

## III. EL COMIENZO DEL PROCESO DE MUTACIÓN CONSTITUCIONAL: LA DESPETRIFICACIÓN DEL PRINCIPIO DE LA ALTERNABILIDAD REPUBLICANA PARA JUSTIFICAR LA REELECCIÓN ILIMITADA

No le faltaba razón a la Sala Electoral del Tribunal Supremo en destacar la preocupación por la suerte de la democracia frente al «continuismo y ventajismo electoral», pues a los pocos años, por una parte, la Sala Constitucional del mismo Tribunal Supremo, en 2006, comenzaría a allanar el camino para cambiar el carácter pétreo del principio de la alternabilidad republicana, despojándolo de su carácter de principio fundamental del ordenamiento constitucional que solo podría ser cambiado mediante la convocatoria de una «Asamblea Nacional Constituyente;» y por la otra, consecuencialmente, el Presidente de la República presentaría en 2007 un proyecto de «reforma constitucional» para eliminar toda restricción a la reelección presidencial.

En efecto, en cuanto al tema de la reelección en los cargos electivos, a pesar del principio de la alternabilidad y de las restricciones constitucionales existentes en la materia, el mismo comenzó a ser tratado por la Sala Constitucional del Tribunal Supremo de Justicia en la sentencia No. 1.488 de 28 de julio de 2006,[14] dictada con motivo de revisar una sentencia de la Sala Electoral del mismo Tribunal Supremo, al considerar  el tema de la constitucionalidad del artículo 126 de la entonces vigente Ley Orgánica del Sufragio y Participación Política de 1998, que imponía a los funcionarios susceptibles de ser reelegidos, la obligación de separarse de sus cargos.

---

10-2003 (Caso: Solicitud de convocatoria a elecciones en el Sindicato de Trabajadores de la empresa Telenorma (Sitraten) en el Estado Miranda), en *Revista de Derecho Público*, Nº 93-96, Editorial Jurídica Venezolana, Caracas, 2003, pp. 192 ss. Igualmente en materia de elecciones en Colegios profesionales en sentencia No. 194 de 18-11-2003 (Caso Judith Sayago Briceño y otro vs. Comisión Electoral del Colegio de Médicos del Estado Barinas), *Idem*, pp. 378 ss.

[13] Véase en *Revista de Derecho Público*, No 105, Editorial Jurídica Venezolana, Caracas 2006, p. 173.

[14] Véase *Caso*: Consejo Nacional Electoral vs. Revisión Decisión Sala Electoral del Tribunal Supremo de Justicia, en *Revista de Derecho Público*, No 107, Editorial Jurídica Venezolana, Caracas 2006, pp. 90 ss.

Para declarar que dicha norma era contraria a la Constitución, la Sala sin embargo, entró a resolver de oficio y en forma en general el tema de la reelección presidencial, sin que nadie se lo hubiese pedido y sin que ello hubiera sido necesario para la revisión judicial de una sentencia que estaba realizando, considerando en definitiva que cualquier reforma o cambio que se pudiese adoptar en la materia, permitiendo la reelección indefinida, no afectaba la estructura del Estado, de lo que resultó la negación del carácter pétreo de su fundamento que es el principio de la alternabilidad republicana, y el allanamiento del camino para proceder a establecer la reelección indefinida mediante reforma o enmienda constitucional, y no mediante la convocatoria de una Asamblea Constituyente. Ello, sin duda, fue lo que motivó en definitiva el intento de reforma constitucional de 2007, rechazado por el pueblo, y la posterior propuesta de una enmienda constitucional en 2009, estableciendo la reelección indefinida como principio constitucional, que si fue aprobada por el pueblo.

Para ello, la Sala Constitucional, en su sentencia No. 1488 de 2006 comenzó por vincular el pensamiento de Bolívar en 1819 con el de Hamilton; analizó la historia de las previsiones constitucionales limitativas sobre la reelección en Venezuela y en toda la América Latina; y analizó, para justificar su tesis, las reformas constitucionales en la materia que se habían efectuado en Colombia y Costa Rica. La Sala Constitucional, en efecto, argumentó así:

*Primero*, se refirió a la Constitución de 1819 que consideró «inspirada parcialmente en las ideas del Libertador Simón Bolívar, la cual como se ha dicho, estableció la posibilidad de reelección inmediata del Presidente pero por una sola vez «sin intermisión (artículo 3, sección primera del Título Séptimo), de lo cual dedujo la Sala que planteaba:

«la visión del Padre de la Patria a la par de las del gran pensador norteamericano Alexander Hamilton, quien en «El Federalista» expuso una defensa a la reelección como modelo de gobernabilidad legítimo dentro de un contexto democrático».

Olvidó, sin embargo, la Sala Constitucional, referirse a las ideas de Bolívar que en realidad fueron expresadas en su Discurso de presentación del proyecto de Constitución de 1819, en el cual, como se ha dicho, se refirió a la continuación de la autoridad en un mismo individuo como la mayor amenaza a los gobiernos democráticos, considerando como lo más peligroso, el «dejar permanecer largo tiempo en un mismo ciudadano el poder», pues – decía- «el pueblo se acostumbra a obedecerle y él se acostumbra a mandarlo», lo que origina «la usurpación y la tiranía».

*Segundo*, pasó luego la Sala Constitucional a referirse a las ideas de Hamilton, considerando que las mismas «a pesar de haber transcurrido más doscientos años de haber sido emitidas, tienen una actualidad que llama a la reflexión y que todavía se invocan en las discusiones que se generan con este motivo». A tal efecto, la Sala destacó que:

«Hamilton señalaba que la reelección era necesaria para que el pueblo pudiera prolongar una administración positiva en su propio beneficio y aprovechando las virtudes del gobernante reelegido, pues la exclusión de éste a pesar de su buen gobierno, sólo traería más males que beneficios a la sociedad y perjudicaría el conducir del gobierno. Igualmente, consideraba que el impedir la reelección provocaría que disminuyeran los incentivos para el correcto proceder de los gobernantes al no tener el aliciente en la continuidad de su gestión, facilitando la tentación de actuaciones no adecuadas dada la inexistencia del incentivo que implica la aprobación de la gestión a través de la reelección, y además, privaría a la sociedad de una persona con experiencia y conocimiento en el manejo del cargo y que facilitaría por esta misma causa el mantenimiento del sistema político, de modo que su ausencia también tendría consecuencias para dicho sistema (Hamilton, Madison y Jay, El Federalista, Fondo de Cultura Económica, México 1994, artículo 72, pp. 308 y ss.)».

*Tercero*, pasó luego la Sala a buscar apoyo contemporáneo para justificar el tema de la reelección presidencial, refiriéndose a Sartori, señalando que éste:

«luego de analizar varios escenarios a favor y en contra de la reelección, llega a la conclusión que «(…) el argumento fundamental a favor de la reelección es que los presidentes que gobiernan bien deben ser recompensados, y que desperdiciar a un buen presidente es indudablemente un grave desperdicio. No se puede negar que ambos bandos tienen razones válidas. No es un problema que tenga la misma solución para todos los países». A esto agregaba «(…) también es cierto que negar la reelección es negar la recompensa, y que esto constituye una grave falla» (Sartori, Giovanni, Ingeniería Constitucional Comparada, Fondo de Cultura Económica, 1994. pp. 191 y 192)».

*Cuarto*, de lo dicho por Sartori, la Sala Constitucional consideró que se trataba de un «refuerzo de las ideas de Hamilton y de Bolívar», lo cual, por supuesto no es cierto, pues Bolívar no argumentó sobre la reelección presidencial como lo hizo Hamilton, y al contrario, si sobre algo argumentó como no lo hizo Hamilton, fue contra el continuismo presidencial.

Sin embargo, la Sala Constitucional consideró que las reflexiones hechas por Sartori, como investigador contemporáneo dan fe «de la vigencia de las mismas y de lo aplicables que son todavía a nuestra realidad», concluyendo entonces que «no se trata entonces, de una discusión interesada o circunscrita a las coyunturas del momento», sino al contrario, de «una discusión que ha mantenido su vigencia a lo largo del tiempo y que plantea la necesidad de una solución de acuerdo con las necesidades y realidades de cada sociedad, discutidas y planteadas por el poder originario del mismo y que se concretan en el Texto Constitucional, de ahí su trascendencia y la necesidad de verla en el todo del sistema jurídico y en relación con persona alguna».

*Quinto*, la Sala Constitucional para reforzar su argumento a favor de «la figura de la reelección», recurrió al derecho comparado haciendo una síntesis de su implantación «en diferentes países de nuestro entorno latinoamericano», de la cual concluyó que había una «aplastante mayoría a favor de la reelección … pues de un total de diecinueve países, quince tienen como norma la reelección, es decir, más del 75% de Latinoamérica se encuentra a favor de dicha figura, mientras otros cuatro (Guatemala, Honduras, México y Paraguay) prohíben de forma absoluta la reelección».  De ello, la Sala Constitucional derivó que había una «tendencia» en la «perspectiva de evolución del Derecho Constitucional comparado», que era la de «incorporar la figura de la reelección al sistema democrático», tal como en su criterio había ocurrido en «Colombia y de Costa Rica, países que por distintos medios y con circunstancias también diferentes establecieron la figura dentro de su sistema constitucional, armonizándose en ambos casos, dicha introducción, con el sistema democrático que en ellas se ha establecido, tomando en consideración sus propias realidades», de lo que la Sala concluyó que «la tendencia en nuestro ámbito continental es a favor de la figura de la reelección».

*Sexto*, con base en lo anterior, la Sala pasó a transcribir párrafos del fallo C-1040/05 del 19 de octubre de 2005 de la Corte Constitucional de Colombia, que estimó como una «valiosa contribución, aún considerando las diferencias con la Constitución venezolana», respecto del tema de la reelección, al referirse al alegato presentado a la consideración de dicha Corte «respecto a que la inclusión de la reelección en la Constitución constituía un cambio en la estructura del Estado», donde señaló lo siguiente:

«Los elementos esenciales que definen el Estado social y democrático de derecho fundado en la dignidad humana no fueron sustituidos por la reforma. El pueblo decidirá soberanamente a quién elige como Presidente, las instituciones de vigilancia y control conservan la plenitud de sus atribuciones, el sistema de frenos y contrapesos continua operando, la independencia de los órganos constitucionales sigue siendo garantizada, no se atribuyen nuevos poderes al Ejecutivo, la reforma prevé reglas para disminuir la desigualdad en la contienda electoral que será administrada por órganos que continúan s/ iendo autónomos, y los actos que se adopten siguen sometidos al control judicial para garantizar el respeto al Estado Social de Derecho. No cabe señalar, para establecer la presencia de una sustitución de la Constitución, que el Presidente abusaría de su poder, el cual se vería ampliado por la posibilidad de hacer política electoral y que ello conduciría a un régimen de concentración de poder en el que, por otra parte, el Congreso perdería la independencia para el ejercicio de la función legislativa y de control político, porque en su elección habría podido tener juego el Presidente en ejercicio, con lo cual se habría modificado el sistema de separación de poderes. Como se ha dicho, tales cuestionamientos no apuntan a mostrar la inviabilidad del diseño institucional, sino que reflejan el temor de quienes los plantean, de que contrariando las previsiones expresas de la Carta en materia de límites y controles al ejercicio del poder, este se desbordase en el sentido que anticipan. Se trata de consideraciones de tipo práctico sobre las consecuencias que estiman previsibles de la reforma, pero no un resultado que pueda ser atribuido necesariamente al nuevo diseño institucional».

Esta decisión de la Corte Colombiana, la consideró la Sala Constitucional venezolana como una ratificación «respecto a la necesidad que la inclusión de la reelección no sirve de nada si no se hace dentro de un sistema democrático que garantice la justicia y los derechos inherentes a la persona humana, pues en tal contexto, junto con la existencia de elementos institucionales que hagan los controles necesarios, dicha medida resulta cónsona con la democracia y con las libertades que ésta debe defender», destacando adicionalmente lo expresado por la misma Corte Constitucional colombiana al señalar:

«En relación con la forma de Estado se tiene que, con o sin reelección presidencial inmediata, Colombia sigue siendo un Estado social de Derecho, organizado en forma de república unitaria, descentralizada, con autonomía de sus entidades territoriales, democrática, participativa y pluralista. Ninguno de esos elementos definitorios de la forma que adopta el Estado colombiano puede tenerse como suprimido, subvertido o integralmente sustituido en razón a que, por virtud del acto legislativo acusado, hoy en Colombia se permite la reelección presidencial, eventualidad que estaba proscrita en la Constitución de 1991».

Como lo destacó la Sala Constitucional en su sentencia, la Corte Colombiana, concluyó señalando que:

«En dirección contraria a la presentada por la demandante, cabría señalar que el Acto Legislativo 2 de 2004 no solamente no conduce, desde el punto de vista del diseño institucional, a una supresión de los elementos democráticos de la Constitución de 1991, sino que, desde una perspectiva diferente, que puede plantearse legítimamente en el contexto de una democracia pluralista, podría sostenerse que los reafirma, en la medida en que permite que el electorado se pronuncie de manera efectiva sobre la gestión de sus gobernantes, posibilidad que estaba excluida en el diseño previo a la reforma. Se trata de visiones contrapuestas, una que hace énfasis en las oportunidades que deben brindarse a los sectores diversos de la sociedad que no se encuentren en el gobierno para constituirse en alternativas efectivas de poder, y otra que privilegia las bondades de la continuidad en el gobierno de un proyecto político que ha sido encontrado exitoso por el electorado en un libre juego democrático. No obstante las diferencias que sobre el diseño institucional, los mecanismos de participación y las condiciones de equilibrio plantean las dos visiones, no puede señalarse que una de ellas conlleve una sustitución del Estado social, democrático y pluralista de derecho».

De lo anterior, la Sala Constitucional venezolana terminó señalando que «el Tribunal Constitucional de la hermana República» concluyó que:

> «la reelección no constituiría un cambio en el sistema constitucional de su país, sino que por el contrario se convertiría en un medio de reafirmación democrática. Responde igualmente dicho órgano jurisdiccional a los temores respecto de las consecuencias prácticas que puede acarrear la reelección y en tal sentido pone en evidencia que los mismos se presentaran tanto en cuanto no se cuente con los mecanismos que permitan controlar las acciones del Ejecutivo, y que por estar éstas, lo mismo que en nuestra Constitución, expresamente establecidos, sólo habría que velar por su cumplimiento, de modo que la figura en sí no sería la responsable de irregularidad alguna, sino que ello sería responsabilidad de la equilibrada ejecución del sistema de contrapesos y de controles que tenga el Texto Constitucional, por lo que su falta o no de ejecución no queda al arbitrio de una persona, sino de los poderes que al efecto tengan dichas responsabilidades».

*Séptimo*, la Sala Constitucional pasó luego a analizar la sentencia Nº 02771 del 4 de abril de 2003 de la Sala Constitucional de la Corte Suprema de Costa Rica, en la cual se pronunció «respecto a la nulidad de la reforma constitucional de 1969 por la que se suprimió el artículo de la Constitución que permitía la reelección presidencial luego de dos períodos alternos», en la cual dicha Sala costarricense afirmó lo siguiente:

> «El derecho de elección, como derecho político, también constituye un derecho humano de primer orden, y por ende, es un derecho fundamental. La reelección tal y como se pudo constatar en el considerando V, estaba contemplada en la Constitución Política de 1949 y constituye una garantía del derecho de elección, pues le permite al ciudadano tener la facultad de escoger, en una mayor amplitud de posibilidades, los gobernantes que estima convenientes. Por consiguiente, fue la voluntad popular a través de la Constituyente, la que dispuso que existiera la reelección presidencial, con el fin de garantizarse el pueblo el efectivo derecho de elección. De hecho, a pesar de que la reforma parcial en cuestión se produjo posteriormente, esto se viene a confirmar luego con la suscripción de la Convención Americana de Derechos Humanos, que en el artículo 23 establece: '1. Todos los ciudadanos deben gozar de los siguientes derechos y oportunidades (...) b) de votar y ser elegidos en elecciones periódicas auténticas, realizadas por sufragio universal e igual y por voto secreto que garantice la libre expresión de la voluntad de los electores, (...)'; y que no admite mayores limitaciones, que las siguientes: '2. La ley puede reglamentar el ejercicio de los derechos y oportunidades a que se refiere el inciso anterior, exclusivamente por razones de edad, nacionalidad, residencia, idioma, instrucción, capacidad civil o mental, o condena, por juez competente, en proceso penal.' De este último párrafo de la Convención de Derechos Humanos, se desprenden de manera clara, las

únicas razones por las cuales pueden establecerse restricciones al ejercicio de los derechos ahí declarados.

La reelección, según se desprende de la voluntad popular suscrita históricamente, establece la posibilidad para el ciudadano de elegir libremente a sus gobernantes, por lo que al reformarse la Constitución en detrimento de la soberanía del pueblo, y en desgaste de sus derechos fundamentales, lo que se produjo en este caso fue la imposición de más limitaciones que las ya existentes en razón de edad, nacionalidad, residencia, idioma, instrucción, capacidad civil o mental, o condena». (Énfasis de la Sala).

De esta decisión del Alto Tribunal de Costa Rica, la Sala Constitucional venezolana apreció que el mismo:

«no concibe la reelección sólo como un derecho individual por parte del pasible de serlo, sino que además constituye un derecho de los electores a cuyo arbitrio queda la decisión de confirmar la idoneidad o no del reelegible, y que al serle sustraída dicha posibilidad mediante una reforma realizada por un poder no constituyente, se realizó un acto de sustracción de la soberanía popular, quedando dicha posibilidad de forma exclusiva, y dentro de los límites que impone a todo poder los derechos humanos, inherentes a la persona humana, al poder constituyente, el cual basado en razones de reestructuración del Estado puede imponer condiciones o modificar el ejercicio de derechos en razón de la evolución de toda sociedad así como de la dinámica social.

No puede entonces, alterarse la voluntad del soberano, por medio de instrumentos parciales y que no tengan su origen en el propio poder constituyente, es a él al cual corresponde la última palabra, teniendo como se ha dicho como único límite, los derechos inherentes a la persona humana y derivados de su propia dignidad».

*Octavo*, partiendo de estros razonamiento, la Sala Constitucional venezolana concluyó compartiendo los criterios expuestos, «despetrificando» el principio de la alternabilidad republicana, al afirmar que, en nuestro ordenamiento, la reelección «no supone un cambio de régimen o forma del Estado, y muy por el contrario, reafirma y fortalece los mecanismos de participación dentro del Estado Democrático, Social de Justicia y Derecho que estableció el Constituyente en 1999». Afirmó luego la Sala que:

«De igual manera, la reelección, amplía y da progresividad al derecho de elección que tienen los ciudadanos, y optimiza los mecanismos de control por parte de la sociedad respecto de sus gobernantes, haciéndolos examinadores y juzgadores directos de la administración que pretenda reelegirse, y por lo mismo, constituye un verdadero acto de soberanía y de ejercicio directo de la contraloría social. Negar lo anterior, es tanto como negar la existencia de sociedades cambiantes y en constante dinámica e interacción. Es pretender concebir el Derecho Constitucional como un derecho pétreo e inconmovible, ajeno a las necesidades sociales. Mas aún, en nuestras sociedades, donde estas necesidades sociales son tan ingentes, los cambios constitucionales son más necesarios en la medida en que se constate su existencia para mejorar las condiciones de los ciudadanos en peor situación socioeconómica, pues la norma constitucional sólo debe estar a su servicio».

Por tales razones, terminó afirmando la Sala Constitucional que «no puede afirmarse que la reelección no sea un principio compatible con la democracia», y por el contrario, puede señalarse que el mismo, «puede ser una herramienta útil que garantice la continuidad en el desarrollo de las iniciativas que beneficien a la sociedad, o simplemente sirva para que dichos ciudadanos manifiesten directamente su censura por un gobierno que considere no ha realizado sus acciones en consonancia con las necesidades sociales».[15]

## IV. EL INTENTO DE REFORMA CONSTITUCIONAL DE 2007 PARA ESTABLECER LA REELECCIÓN PRESIDIENCIAL INDEFINIDA Y SU RECHAZO POPULAR

Fue luego de esta aproximación del Juez Constitucional al tema de la reelección presidencial, despetrificando indirectamente el principio de la alternabilidad republicana, que el Presidente de la República, al año siguiente, en 2007, propuso a la Asamblea Nacional una «reforma constitucional» para consolidad el Estado centralizado, militarista, Socialista y Policial, uno de cuyos aspectos era precisamente eliminar todo vestigio del principio de la alternabilidad en la Jefatura del Estado, al proponer que se estableciera la posibilidad de reelección inmediata y sin límites del Presidente de la República. La reforma pretendía modificar el artículo 230 de la Constitución, no sólo aumentando el período constitucional del Presidente de la República de seis a siete años (ya en 1999 se había aumentado de cinco a seis años), sino estableciendo expresamente que el Presidente de la República «puede ser reelegido o reelegida» eliminando la limitación de la Constitución de 1999 de esa posibilidad sólo «por una sola vez, para un nuevo período». En esta forma, el principio de la alternabilidad republicana, cuyo objeto central es la consolidación del pluralismo político, base de los regímenes democráticos, materialmente desaparecía con la reforma constitucional propuesta.[16]

La reforma constitucional, sin embargo, fue rechazada por el pueblo en el referendo del 2 de diciembre de 2007, lo que, de acuerdo con el espíritu de las

---

[15]  Idem.

[16]  En la *Exposición de Motivos de la Propuesta de Reforma Constitucional* del Presidente de la República del Proyecto de Reforma Constitucional, agosto de 2007, se afirmó, pura y simplemente, sin fundamento, ni argumento, ni lógica alguna, que «la propuesta de la reelección presidencial profundiza el principio de alternabilidad republicana», basándose sólo, en el derecho del Presidente de la República a ser reelecto en el cargo, y en el derecho del pueblo de elegir su candidato, p. 7.

previsiones constitucionales, implicaba que una nueva modificación de la Constitución en el mismo sentido no debía plantearse en el mismo período constitucional, no sólo como «reforma» sino como «enmienda».[17] Ello es lo que se deduce del principio establecido en el artículo 345 de la Constitución. Sin embargo, en los meses siguientes a dicho rechazo popular, el Presidente insistió en la modificación de la Constitución, lo que acogió la Asamblea Nacional, reformulado la rechazada «reforma» constitucional en una «enmienda» constitucional para burlar el sentido de la prohibición antes indicada.

Para entender el fraude cometido es necesario recordar la distinción mencionada entre dos de los procedimientos para la modificación de la Constitución, la reforma y la enmienda constitucionales que se establecen en el texto constitucional de 1999. Ambos procedimientos de modificación de la Constitución tienen en común, que mediante ellos no se puede alterar o modificar la estructura y principios fundamentales de la Constitución (arts. 340 y 342), lo que sólo puede hacerse mediante el procedimiento de la Asamblea Nacional Constituyente (art. 347). Por otra parte, también tienen en común el hecho de que ambos procedimientos requieren de aprobación popular mediante referendo para que la modificación constitucional tenga vigencia. En la Constitución no se regula poder constituyente «derivado» alguno. Solo hay un «poder constituyente originario» que es el pueblo, el cual tiene que aprobar por referendo tanto la Enmienda como la Reforma Constitucional, o la convocatoria a Asamblea Nacional Constituyente que es el tercer mecanismo para modificar la Constitución. La Asamblea Nacional y los órganos que tienen la iniciativa de Enmienda y de Reforma Constitucional, sólo coadyuvan en el proceso de modificación constitucional, pero no son «poder constituyente derivado».

En cuanto a la distinción entre la Enmienda Constitucional y la Reforma Constitucional, la misma existe, en primer lugar, en cuanto al alcance del procedimiento de modificación: La Enmienda Constitucional tiene por objeto la adición o modificación de artículos de la Constitución (no la supresión de ellos); en cambio, la Reforma Constitucional tiene por objeto la revisión parcial y sustitución de artículos, siempre que no se afecten, como se dijo, los principios y la estructura fundamental del texto (arts. 340, 342).

En segundo lugar, la otra distinción entre la Enmienda y la Reforma Constitucional se refiere a la iniciativa y a la intervención de la Asamblea Nacional en el procedimiento de modificación constitucional. La Enmienda Constitucional no necesita ser discutida por la Asamblea Nacional, pero si su iniciativa parte de la propia Asamblea Nacional, la misma debe, primero apoyarla por el voto de al menos el 30% de sus integrantes y luego, aprobarla mediante el procedimiento de formación de las leyes con el voto de la mayoría

---

[17]    Véase Allan R. Brewer-Carías, *La reforma constitucional de 2007 (Comentarios al proyecto inconstitucionalmente sancionado por la Asamblea Nacional el 2 de noviembre de 2007)*, Editorial Jurídica Venezolana, Caracas 2007.

de sus integrantes (art. 341). En cuanto a la Reforma Constitucional, se debe presentar ante la Asamblea Nacional la cual siempre debe aprobarla en tres discusiones mediante voto de 2/3 de sus integrantes. Cuando la iniciativa de Reforma parta de la propia Asamblea Nacional debe ser apoyada por mayoría de sus integrantes.

Por último, en tercer lugar, la Constitución también hay una previsión en cuanto a los efectos del rechazo popular de la modificación constitucional, en el sentido de que la prohibición constitucional de que se pueda presentar a la Asamblea Nacional otra iniciativa de reforma constitucional rechazada por el pueblo en el mismo período constitucional, sólo está establecida expresamente como efecto del rechazo a la «Reforma Constitucional». Nada se establece en cuanto a los efectos del rechazo de la Enmienda Constitucional, pero del espíritu y propósito de la Constitución, sin duda, puede deducirse que esa prohibición debería extenderse a cualquier otra forma de modificación de la Constitución, pues de lo contrario, la burla al sentido de la misma sería fácil.

## V.  LA ENMIENDA CONSTITUCIONAL DE 2009 ESTABLECIENDO LA REELECCIÓN INDEFINIDA DE TODOS LOS CARGOS DE ELECCIÓN POPULAR

Ahora bien, con base en esta grieta formal de la Constitución, fue precisamente que se planteó por la Asamblea Nacional, después del rechazo popular a la «Reforma constitucional» en 2007, la idea de proceder a proponer en 2008 una «Enmienda Constitucional» para eliminar toda prohibición sobre la reelección de cargos y, por ende, vaciar de contenido al principio de la alternabilidad republicana.

En realidad, la propuesta inicial del Proyecto de Enmienda Constitucional en 2008 sólo perseguía modificar el artículo 230 de la Constitución sobre reelección del Presidente de la República, lo cual luego se extendió a los artículos 160, 162, 174 y 192 de la Constitución sobre reelección de otros cargos electivos, en los cuales se establecían límites para la reelección, a los efectos de eliminarlos todos. Los Artículos 162 y 192 establecían que los miembros de Consejos Legislativos de los Estados y los Diputados a la Asamblea Nacional sólo podrían reelegirse por dos períodos como máximo; y los Artículos 160, 174, y 230 establecían que los Gobernadores y Alcaldes, y el Presidente de la República, solo podían reelegirse de inmediato y por una sola vez, para un nuevo período.

Precisamente por ello, y en particular por el uso de la vía de la Enmienda para aprobar lo que ya había sido rechazado por la vía de la reforma, se planteó un recurso e interpretación constitucional que fe introducido el 11 de diciembre de 2008 ante la Sala Constitucional del Tribunal Supremo en relación con el alcance del artículo 345 el texto fundamental a los efectos de que la Sala determinara si la prohibición contenida en dicha norma en el sentido de que la iniciativa de Reforma Constitucional que no fuese aprobada no podía presentarse de nuevo en un mismo período constitucional a la Asamblea Nacional, se extendía también al procedimiento de Enmienda constitucional.

En respuesta, la Sala Constitucional, confundiendo deliberadamente el sentido de la norma, en sentencia No 53 de 3 de febrero de 2009[18] sostuvo que la misma no estaba destinada a regular los efectos de la manifestación de rechazo popular de la modificación propuesta, sino que la norma estaba sólo dirigida a *regular a la Asamblea Nacional*, en el sentido de que lo que no podría era exigírsele que debatiera una reforma constitucional una vez que ya la había debatido en el mismo período constitucional y había sido rechazada por el pueblo. La Sala olvidó que la norma constitucional a lo que estaba dirigida era a regular las consultas *a la voluntad popular* en materia de modificación de la Constitución y sus efectos, y no los efectos de los debates en la Asamblea Nacional.

En efecto, la prohibición constitucional de volver a someter a consulta una reforma rechazada, en realidad está dirigida a regular los efectos de la voluntad popular expresada mediante referendo, en el sentido de que no se puede consultar al pueblo de nuevo la misma modificación constitucional que el pueblo ya ha rechazado en un mismo período constitucional.

Lo importante de la prohibición establecida en el Título de la Constitución relativo a la «Reforma Constitucional» que en Venezuela sólo puede realizarse con la participación del pueblo, es que la misma se refiere precisamente a los efectos de la expresión de la voluntad popular que es manifestación del poder constituyente originario, y no a los efectos del debate que pueda haber habido en la Asamblea Nacional en la materia, que no es poder constituyente, ni siquiera derivado, ya que no puede haber modificación constitucional alguna sin aprobación popular.

La decisión de la Sala Constitucional fue una nueva burla a la Constitución al ignorar la prohibición de sucesivas consultas populares, basándose en dos artilugios que se utilizaron en este caso de la Enmienda 2008-2009: primero, el utilizado por la Asamblea Nacional, en su iniciativa de Enmienda, al extenderla a otros artículos constitucionales además del 230, para tratar de diferenciar la Enmienda de 2008-2009 de la rechazada Reforma Constitucional de 2007; y segundo, el utilizado por la Sala Constitucional al considerar que la prohibición constitucional de consultar al pueblo sobre reformas rechazadas era sólo formal respecto de las discusiones en la Asamblea Nacional, ignorando su propósito esencial de respetar la voluntad popular una vez que esta se ha expresado en forma negativa respecto de una modificación de la Constitución.

Esa voluntad hay que respetarla, que es lo que persigue la Constitución, por lo que una vez que el pueblo se ha manifestado rechazando una modifica-

---

[18]  Véase la sentencia nº 53, de la Sala Constitucional de 2 de febrero de 2009 (Caso: *Interpretación de los artículos 340,6 y 345 de la Constitución*), en http:/www.tsj.gov.ve/decisions/scon/Febrero/ 53-3209-2009-08-1610.html

ción al texto constitucional, no se lo puede estar convocando sucesivamente sin límites en el mismo período constitucional para volver a pronunciarse sobre lo mismo.

## VI. LA MUTACIÓN CONSTITUCIONAL DEL PRINCIPIO DE LA ALTERNABLIDAD MEDIANTE EL VACIAMIENTO JUDICIAL DE SU CONTENIDO

Pero aparte de burlar la prohibición constitucional de sucesivas consultas populares en un periodo constitucional sobre modificaciones constitucionales una vez que el pueblo las ha rechazado, la Sala Constitucional, en la misma sentencia, procedió a mutar ilegítimamente la Constitución, eliminando el carácter de principio fundamental del gobierno que además de «democrático» y «electivo» conforme al artículo 6 de la Constitución, debe ser siempre «alternativo», considerando que dicho principio no se alteraba con las reformas propuestas en la Enmienda Constitucional 2008-2009.

Esta, como se dijo, propugnó establecer en la Constitución la posibilidad de la reelección continua y sin límites de los cargos electivos lo cual fue aprobado en el referendo, pero sin duda, alterando un principio fundamental del constitucionalismo venezolano establecido desde 1830 en todas las Constituciones, que es el de la «alternabilidad» en el gobierno, y que en el artículo 6 de la Constitución de 1999 se formula como uno de los principios fundamentales del mismo, con una fórmula que lo convierte en una de las llamadas «cláusulas pétreas» o inmodificables. Como se dijo, la norma dispone desde 1930 que «El gobierno es y será siempre ...  alternativo ...», lo que implica que ello nunca podría ser alterado al menos mediante reformas o enmiendas. Esa fue la voluntad del pueblo al aprobar la Constitución, establecer el principio de alternabilidad republicana como una cláusula pétrea.

La Sala Constitucional del Tribunal Supremo de Justicia, sin embargo, en la mencionada sentencia No 53 de 3 de febrero de 2009,[19] decidió allanar el camino constitucional para la realización del referendo aprobatorio de la Enmienda Constitucional que se realizó el 15 de febrero de 2009, en el cual se aprobó el proyecto de Enmienda Constitucional relativa a los artículos 160, 162, 174, 192 y 230 de la Constitución, estableciéndose entonces en Venezuela, al contrario de la tradición constitucional precedente, el principio de la reelección continua e indefinida de cargos electivos, contrariando el principio constitucional de la alternabilidad republicana (art. 6), y violando la prohibición constitucional de realizar una consulta popular sobre

---

[19]  Véase la sentencia n° 53, de la Sala Constitucional de 2 de febrero de 2009 (Caso: *Interpretación de los artículos 340,6 y 345 de la Constitución)*, en http://www.tsj.gov.ve/decisions/scon/Febrero/ 53-3209-2009-08-1610.html .Véase sobre esta sentenia los comentarios en Allan R. Brewer-Carías, «El Juez Constitucional vs. La alternabilidad republicana (La reelección continua e indefinida), en *Revista de Derecho Público*, No. 117, (enero-marzo 2009), Caracas 2009, pp. 205-211. Publicado también en http://www.analitica.com/va/politica/opinion/6273405.asp

modificaciones a la Constitución ya rechazadas por el pueblo en un mismo período constitucional (art. 345).

Para ello, la Sala Constitucional «interpretó» como equivalentes los términos gobierno «alternativo» y gobierno «electivo», eliminando así la propia noción de «alternabilidad».

En efecto, la alternabilidad del gobierno, como principio del constitucionalismo venezolano, que es, además, propio de los sistemas presidenciales de gobierno, como se ha dicho, es un principio que se construyó como opuesto al continuismo o a la permanencia en el poder por una misma persona, por lo que toda previsión que permita que esto ocurra, es contraria a dicho principio.

Este principio, por tanto, no se puede confundir con el principio «electivo» del gobierno o el más general principio «democrático» que el mismo artículo 6 de la Constitución establece. Una cosa es poder elegir a los gobernantes, y otra cosa es el principio de alternabilidad que impide poder reelegir al mismo gobernante ilimitadamente.

Es contrario a la Constitución, por tanto, interpretar, como lo hizo la Sala Constitucional en su mencionada sentencia n° 53 del 3 de febrero de 2009, que el principio de la alternabilidad «lo que exige es que el pueblo como titular de la soberanía tenga la posibilidad periódica de escoger sus mandatarios o representantes», confundiendo «gobierno alternativo» con «gobierno electivo».

Por ello es falso lo que afirmó la Sala Constitucional en el sentido de que «sólo se infringiría el mismo si se impide esta posibilidad al evitar o no realizar las elecciones». Con su sentencia, la Sala Constitucional, de nuevo, lo que hizo fue mutar ilegítimamente el texto de la Constitución, y al contrario de lo que afirmó, la eliminación de la causal de inelegibilidad para el ejercicio de cargos públicos derivada de su ejercicio previo por parte de cualquier ciudadano, sí trastocó el principio de alternabilidad en el ejercicio del poder.

Se insiste, lo expuesto por la Sala Constitucional se refirió al principio de gobierno «electivo» que en los términos del mismo artículo 6 de la Constitución, es el que implica que «el electorado, como actor fundamental del proceso democrático, acuda a procesos comiciales periódicamente en los que compitan, en igualdad de condiciones, las diversas opciones políticas que integran el cuerpo social;» pero no al principio de gobierno «alternativo» que implica que no se pueda elegir indefinidamente una misma persona para el mismo cargo, así haya hecho un «buen gobierno». El principio de la alternabilidad, para evitar el continuismo en el poder, precisamente implica la limitación que el pueblo, como poder constituyente originario, se ha impuesto a sí mismo, en cuanto a que supuestamente pueda tener la «oportunidad de decidir entre recompensar a quienes estime como sus mejores gobernantes, o bien renovar completamente las estructuras del poder cuando su desempeño haya sido pobre». Esta supuesta «oportunidad», por el principio de la alternabilidad en la Constitución, pudo haberse ejercido antes de 1999, sólo después de que, en sus casos, transcurrieran uno o dos períodos constitucionales siguientes al ejercicio de la Presidencia por quien pretendiera de nuevo optar a dicho cargo, y en la Constitución de 1999 sólo ocurrió en 2006, por una sola vez para un período inmediato, mediante la reelección ya efectuada del Presidente Chávez. Pero establecer dicha «oportunidad» como reelección continua, sin límite, es contrario al principio de la alternabilidad.

Por tanto, al contrario de que decidió la Sala Constitucional, la posibilidad de reelección continúa sí alteraba el principio fundamental del gobierno «alternativo», que es uno de los valores democráticos que informan nuestro ordenamiento jurídico. Dicho principio, que se alteraba si se establecía la posibilidad de elección continua de cargos electivos y que es distinto del principio del gobierno «electivo», al tener una formulación pétrea en el artículo 6 de la Constitución («es y será siempre») no podía ser objeto de modificación constitucional alguna, y en el supuesto negado de que pudiera ser modificado, ello no podía realizarse ni por los procedimientos de Enmienda ni de Reforma Constitucional sino sólo mediante la convocatoria de una Asamblea Nacional Constituyente.

La Sala Constitucional, con su sentencia n° 53 del 3 de febrero de 2009, una vez más al servicio del autoritarismo, sin embargo, mutó la Constitución a través de una interpretación de la misma, modificando ilegítimamente el sentido del principio del gobierno 'alternativo» que los venezolanos dispusieron **que siempre** debía regir sus gobiernos, obviando la prohibición constitucional de que se pudiera consultar en un mismo período constitucional la voluntad popular sobre modificaciones constitucionales que ya el pueblo ha rechazado.

Esta inconstitucional sentencia, en todo caso, lo que tuvo por objeto fue, como se dijo, despejar el camino para que el régimen autoritario pudiera someter a referendo una Enmienda Constitucional relativa a un principio fundamental, pétreo, de la Constitución, que sólo podía modificarse mediante la convocatoria a una Asamblea Nacional Constituyente.

Y así fue como entonces en Venezuela se aprobó la Enmienda Constitucional de 2009, para establecer el principio de la elección continua e ilimitada del Presidente de la República y de todos los cargos de elección popular.

**TERCERA PARTE**

**EL DILEMA ENTRE EL DERECHO COLECTIVO A LA DEMOCRACIA Y EL DERECHO INDIVIDUAL LA REELECCIÓN PRESIDENCIAL EN AMÉRICA LATINA Y EL ROL DEL JUEZ CONSTITUCIONAL[*]**
**(2019)**

**I. SOBRE LA SUPREMACÍA CONSTITUCIONAL Y JURISDICCIÓN CONSTITUCIONAL**

En todos los países democráticos sujetos a un Estados de derecho, el principio medular que rige su funcionamiento es el de la supremacía constitucional y de la limitación de los poderes de los órganos del Estado por la Constitución, para cuya garantía se instituye siempre un sistema de Justicia Constitucional.

Dicho principio puede decirse que tuvo su origen en la doctrina jurisprudencial establecida desde finales del Siglo XVIII en los Estados Unidos, partiendo, entre otros, de lo resuelto por el Juez William Paterson en una de las más viejas decisiones de la Corte Suprema de los Estados Unidos de América sobre la materia, en el caso *Vanhorne's Lessee v. Dorrance* (1795) referido a la supremacía constitucional y a la nulidad de los actos estadales contrarios a la Constitución, afirmando en relación con las leyes estadales, el principio de que:

---

[*] Este texto tiene su origen en el estudio sobre «El Juez Constitucional y la Reelección Presidencial en América Latina», preparado para la Obra Homenaje al Ma[1]gistrado Milton Ray Guevara, Santo Domingo, 2019; y en las ideas expuestas en la Conferencia sobre «Jurisdicción constitucional en el contexto latinoamericano y democracia: El rol del Juez Constitucional en el dilema entre el derecho a la democracia y la reelección presidencial», que dicté en el Seminario del Trigésimo Aniversario de la creación de la Sala Constitucional de la Corte Suprema de Justicia, San José, Cota Rica, 5-27 de septiembre de 2019. Dicho texto me sirvió de base para redactar la Opinión que envié el 18 de febrero de 2020, como Amicus Curia, ante la Corte Interamericana de Derechos Humanos con ocasión del procedimiento desarrollado ante la misma para responder a la solicitud de Opinión Consultiva formulada el 21 de Octubre 2019, por la República de Colombia, por medio del Sr. Carlos Holmes Trujillo, Ministro de Relaciones Exteriores de la misma, sobre "La figura de la Reelección Presidencial Indefinida en el contexto del Sistema Interamericano de Derechos Humanos." La Corte Interamericana emitió el 7 de junio de 2021 la Opinión Consultiva No. 28, cuyo Resumen Oficial se puede consultar en el Apéndice de este libro.

71

«... si un acto legislativo se opone a un principio constitucional el primero debe dejarse de lado y rechazarse por repugnante. Sostengo que es una posición clara y sonora que, en tales casos, es un deber de todo tribunal el adherirse a la Constitución y declarar tal acto nulo y sin valor».[1]

El principio jurisprudencial, de la supremacía constitucional y el control judicial de la constitucionalidad de las leyes de los estados de la federación norteamericana, en todo caso, puede decirse que tuvo su fundamento constitucional,[2] en la llamada «Cláusula de Supremacía» (artículo VI, Sección 2) de la Constitución de los Estados Unidos de 1787, en la cual se dispuso que:

«Esta Constitución, y las leyes de los Estados Unidos que se expidan con arreglo a ella, y todos los Tratados celebrados o que se celebren bajo la autoridad de los Estados Unidos, serán la suprema Ley del país y los jueces de cada Estado estarán obligados a observarlos, a pesar de cualquier cosa en contrario, que se encuentre en la Constitución o las leyes de cualquier Estado».

En todo caso, ese fue el mismo principio que ocho años después, desarrolló la propia Corte Suprema de los Estados Unidos, pero al confrontar, no las leyes de los estados sino las leyes federales y la Constitución, llevando al Juez John Marshall, en el conocido caso *Marbury vs Madison,* resuelto por la Corte Suprema de los Estados Unidos en 1803, a establecer as bases generales del sistema de justicia constitucional, para lo cual se preguntó, sobre el principio de supremacía constitucional:

«¿Con qué propósito se limitan los poderes y dichas limitaciones se establecen por escrito [en la Constitución], si esos límites, en cualquier momento, pueden ser traspasados por aquellos a quienes debían supuestamente limitar? [Respondiendo:] La diferencia entre un gobierno con poderes limitados y uno con poderes ilimitados deja de existir, cuando las limitaciones no obligan a las personas sobre las cuales se imponen y cuando los actos prohibidos y los permitidos son de igual obligatoriedad».[3]

Es decir, en definitiva, nada se lograría con tener una Constitución como ley suprema estableciendo derechos fundamentales y límites a los poderes del Estado, si no se asegura que la misma debe prevalecer, en caso de conflicto

---

[1]   *Vanhorne's Lessec v. Dorrance,* 2 Dallas 304 (1795). *Véase* el texto S.I. Kutler (ed), *The Supreme Court and the Constitution, Readings in American Constitutional History,* N.Y. 1984, p. 8. Véase los comentarios sobre la ecisión en el caso *Vanhorne's Lessee v. Dorrance, 1776* en Allan R. Brewer-Carías, *Judicial Review in Comparative Law,* Cambridge University Press, Cambridge 1989

[2]   Véase en particular A. Hamilton, *The Federalist* (ed. B. F. Wright), Cambridge Mass. 1961, *letter* Nº 78, pp. 491–493. Véanse, además, los comentarios de Alexis de Tocqueville, *Democracy in America* (ed. J. P. Mayer and M. Lerner), London, 1968, vol. I, p. 120.

[3]   *Marbury vs. Madison,* 5. U.S. (1 Cranch) 137; 2 L, Ed. 60 (1803). Véase el texto en R. A. Rossum and G. A. Tarr, *American Constitutional Law, Cases and Interpretation,* Nueva York 1983, p. 70. Véanse los comentarios sobre la decisión en el caso *Masbury v. Madison,* 1803 en Allan R. Brewer-Carías, *Judicial Review in Comparative Law,* Cambridge University Press, Cambridge 1989.

entre una ley y la Constitución, considerándose a tal efecto como un deber de todo juez el poder decidir cuál entre las dos debe ser la norma que ha de aplicar en un caso concreto. Es decir, como en definitiva lo estableció por el Juez Marshall en el mismo caso *Marbury v. Madison* (1803):

> «Aquellos que aplican las normas a casos particulares, deben necesariamente exponer e interpretar aquella regla, de manera que, si una Ley se encuentra en oposición a la Constitución, la Corte debe determinar cuál de las reglas en conflicto debe regir el caso».

Concluyendo con la afirmación rotunda de que:

> «Esta es la real esencia del deber judicial. Sí, en consecuencia, los tribunales deben ver la Constitución, y la Constitución es superior a cualquier acto ordinario de la Legislatura, es la Constitución, y no tal acto ordinario, la que debe regir el caso al cual ambas se aplican».[4]

La Cláusula de supremacía de la Constitución de los Estados Unidos, combinada con la doctrina del caso *Malbury vs. Madison*, es lo que explica que en la primera Constitución dictada en el mundo hispanoamericano que fue la Constitución federal de los Estados de Venezuela de 1811, se expresara ya en forma general en su artículo 227, el principio de que:

> «La presente Constitución, las leyes que en consecuencia se expidan para ejecutarla y todos los Tratados que se concluyan bajo la autoridad del Gobierno de la Unión serán la Ley Suprema del Estado en toda la extensión de la Confederación, y las autoridades y habitantes de las Provincias estarán obligados a obedecerlas y observarlas religiosamente sin excusa ni pretexto alguno; *pero las leyes que se expidieren contra el tenor de ella no tendrán ningún valor,* sino cuando hubieren llenado las condiciones requeridas para una justa y legítima revisión y sanción».

Se recogió, así, no solo el principio de la supremacía, sino más importante aún, la doctrina de la garantía objetiva de la Constitución, al sancionar con la nulidad absoluta a las leyes contrarias a la misma, agregando que las mismas «no tendrán ningún valor». Es decir, como lo afirmó el Juez Marshall en la sentencia:

> «No cabe la menor duda de que todos los que tienen una Constitución escrita y estable la consideran como la ley fundamental y suprema de la nación, y por consiguiente, para estos gobiernos, un acto legislativo contrario a la Constitución es nulo».[5]

Ello, incluso, se estableció todavía más expresamente en la misma Constitución venezolana de 1811 en relación a los derechos fundamentales al establecer el último de los artículos del Capítulo relativo a los derechos del hombre de la misma Constitución, que para precaver toda transgresión a los dere-

---

[4]    *Idem.*
[5]    *Idem.*

chos declarados se los declaró «exentos y fuera del alcance del Poder general ordinario del gobierno» agregando que «toda ley contraria a ella que se expida por la legislatura federal, o por las provincias *será absolutamente nula y de ningún valor*» (art. 199).

Allí, en todo caso, está el origen de los sistemas de justicia constitucional en el Continente, independientemente de que a lo largo de los últimos doscientos años se haya desarrollado conforme a dos vertientes según los órganos judiciales del Estado a los cuales se encomienda se ejercicio, que pueden ser todos o los tribunales de un país o solo uno de ellos, como la Corte Suprema o un Tribunal Constitucional, lo que he originado la clásica y siempre útil distinción entre el método difuso y método concentrado de control de constitucionalidad.[6]

El primero, el método difuso, es el que surgió en el constitucionalismo norteamericano como el poder general de todos los jueces en los casos concretos sometidos a su conocimiento, de velar por la supremacía constitucional frente a las leyes, pudiendo desaplicarlas y considerarlas nulas y sin valor, aplicando preferentemente la Constitución. Este método difuso fue el que se desarrolló desde comienzos del siglo XIX, en Argentina, donde ha permanecido como el único método de justicia constitucional que se aplica, habiéndose desarrollado también en otros países como Brasil, Colombia, Guatemala, Perú, Nicaragua, Venezuela y República Dominicana.

Éste en efecto, se caracteriza por la atribución de la justicia constitucional a un solo órgano del Estado, que puede ser la Corte Suprema de Justicia o un tribunal constitucional especializado. En el primer supuesto, puede tratarse de una competencia atribuida a la Corte Suprema de Justicia en Pleno como es el caso de Panamá, Paraguay, Brasil, Nicaragua, México, o a una Sala Constitucional de la misma, como sucede en Costa Rica, El Salvador, Honduras y Venezuela. En el segundo supuesto, se trata de una competencia atribuida a una Corte o Tribunal Constitucional especialmente creado para ejercer la justicia constitucional, como son los que existen en Bolivia, Chile, Colombia, Ecuador, Guatemala, Perú y República Dominicana.[7]

Dentro de todos esos sistemas, el sistema puede ser exclusivamente concentrado como es el caso por ejemplo de Bolivia, Costa Rica, Chile, Paraguay y Panamá, correspondiendo la justicia constitucional en el caso de Costa Rica a la Sala Constitucional como Jurisdicción Constitucional, con el carácter común de ser «intérprete supremo de la Constitución», según el calificativo que por ejemplo le atribuyó la Ley Orgánica que creó el Tribunal Constitucional en

---

[6]    Véase Allan R. Brewer-Carías, *Judicial Review in Comparative Law*, Cambridge University Press, Cambridge 1978; *La Justicia Constitucional (Procesos y Procedimientos Constitucionales)*, Editorial Porrúa/ Instituto Mexicano de Derecho Procesal Constitucional, México 2007.

[7]    *Véase* Allan R. Brewer–Carías, *Judicial Review...*, cit., pp. 182 y ss., *El control concentrado de la constitucionalidad de las leyes*, Editorial Jurídica Venezolana, Caracas 1994, pp. 127 y ss.

España;[8] o de «comisario del poder constituyente, encargado de defender la Constitución y de velar por que todos los órganos constitucionales conserven su estricta calidad de poderes constituidos», como lo entendió Eduardo García de Enterría;[9] siendo además, en ese contexto, el instrumento por excelencia para garantizar la vigencia de los derechos fundamentales.

## II. LA JUSTICIA CONSTITUCIONAL COMO GARANTÍA DE LOS DE-RECHOS CIUDADANOS A LA SUPREMACÍA DE LA CONSTITU-CIÓN Y A LA DEMOCRACIA

En el marco anterior, uno de los roles fundamentales de la Justicia Constitucional es el de ser garante de los derechos fundamentales, lo que cada vez ha adquirido más importancia, por la progresiva ampliación del contenido de las declaraciones de los mismos tanto en el ámbito interno como en el ámbito internacional a través de Tratados y Convenciones, integrados junto con las Constituciones en el denominado bloque de constitucionalidad.

Ello ha originado que además de los ya clásicos derechos civiles, políticos, sociales, culturales, económicos, ambientales y de los pueblos indígenas, declarados constitucionalmente con la característica de ser siempre justiciables,[10] en el mundo contemporáneo se hayan venido desarrollando bajo el signo de la progresividad, nuevos de derechos colectivos de los ciudadanos vinculados con los más esenciales principios clásicos del constitucionalismo, como son la idea misma de Constitución como norma suprema y el régimen político democrático, que tiende a consolidarse a pesar de que no hayan dejado de aparecer regímenes autoritarios constituidos, precisamente, en fraude a la Constitución y a la democracia.

Ello ha conducido, sobre todo en el ámbito de los derechos políticos, que además de ellos clásicos derechos constitucionales individualizados como el derecho a votar y a ser electo, se pueda identificar el derecho ciudadano a la Constitución y, además, el derecho ciudadano a la democracia.

En primer lugar, está el *derecho a la Constitución*[11], considerada esta como ley suprema producto de la voluntad del pueblo expresada como pacto de la

---

8  Art. 1. Ley Orgánica del Tribunal constitucional. Oct. 1979, *Boletín Oficial del Estado*, N° 239.

9  Véase E. García de Enterría, *La Constitución como norma y el Tribunal constitucional*, Madrid, 1985, p. 198.

10  Véase sobre esto, Allan R. Brewer-Carías, *Mecanismos nacionales de protección de los derechos humanos (Garantías judiciales de los derechos humanos en el derecho constitucional comparado latinoamericano)*, Instituto Interamericano de Derechos Humanos, San José, 2005, pp. 61 ss.

11  Véase Allan R. Brewer-Carías, «Sobre las nuevas tendencias del derecho constitucional: del reconocimiento del derecho a la Constitución y del derecho a la democracia», en *VNIVERSITAS, Revista de Ciencias Jurídicas (Homenaje a Luis Carlos Galán Sarmiento)*, Pontificia Universidad Javeriana, facultad de Ciencias Jurídicas, N° 119, Bogotá 2009, pp. 93-111; y «Algo sobre las nuevas tendencias del derecho constitucional: el reconocimiento del derecho a la Constitución y del derecho a la democracia», en Sergio J. Cuarezma Terán y Rafael Luciano Pichardo (Directores), *Nuevas tendencias del derecho constitucional y el derecho procesal constitucional*, Instituto de Estudios e Investigación Jurídica (INEJ), Managua 2011, pp. 73-94.

sociedad, y que tienen los ciudadanos a los efectos de velar porque la misma se respete y se mantenga en vigencia conforme a la voluntad popular que la adoptó. Por ello podemos hablar, en este caso, de un derecho fundamental de los ciudadanos a la supremacía de la Constitución,[12] el cual, por supuesto es justiciable, y para ello es que se constituyen los tribunales constitucionales.

Si bien el derecho a la supremacía constitucional como derecho fundamental puede ser nuevo en su conceptualización, su esencia se estableció desde los orígenes del constitucionalismo, como se evidencia de la elaboración que hizo Alexander Hamilton en *El Federalista*, en 1788, por cuando al referirse al papel de los jueces como intérpretes de la ley, señalando:

«Una Constitución es, de hecho, y así debe ser vista por los jueces, como ley fundamental, por tanto, corresponde a ellos establecer su significado así como el de cualquier acto proveniente del cuerpo legislativo Si se produce una situación irreconocible entre los dos, por supuesto, aquel que tiene una superior validez es el que debe prevalecer; en otras palabras, la Constitución debe prevalecer sobre las leyes, así como la intención del pueblo debe prevalecer sobre la intención de sus agentes»[13].

De esta afirmación, deriva, además del fundamento de la Justicia Constitucional, el fundamento mismo del derecho ciudadano a que la voluntad popular expresada en la Constitución sea respetada por quienes gobiernan, quienes en su gestión no pueden pretender hacer prevalecer su voluntad frente a la voluntad popular del pueblo expresada en la Constitución.

Además, por ello, el mismo Hamilton, al desarrollar el principio del poder de los jueces para declarar la nulidad de los actos legislativos contrarios a la Constitución, y argumentar que ello no significaba dar superioridad del Poder Judicial sobre el Legislador, señaló que ello:

«Lo único que supone es que el poder del pueblo es superior a ambos; y que en los casos en que la voluntad del legislador declarada en las leyes, esté en oposición con la del pueblo declarada en la Constitución, los Jueces deben estar condicionados por la última, antes que por las primeras».

Concluyó Hamilton señalando que:

«Ningún acto legislativo contrario a la Constitución puede ser válido. Negar esto, significaría afirmar que el subalterno es más importante que

---

[12] Al tema me he referido en diversos trabajos, y entre ellos, en el libro Allan R. Brewer-Carías, *Mecanismos nacionales de protección de los derechos humanos (Garantías judiciales de los derechos humanos en el derecho constitucional comparado latinoamericano)*, Instituto Interamericano de Derechos Humanos, San José, 2005, pp. 74 ss. Debo recordar aquí, que el tema lo discutí en múltiples ocasiones con mi entrañable amigo Rodolfo Piza Escalante, quien fue Juez de la Corte Interamericana de Derechos Humanos y Magistrado de la importante Sala Constitucional de la Corte Suprema de Costa Rica.

[13] *The Federalist* (ed. por B.F. Wrigth), Cambridge, Mass. 1961, pp. 491-493.

el principal; que el sirviente está por encima de sus patrones; que los representantes del pueblo son superiores al pueblo mismo».

De estas proposiciones de Hamilton lo que más nos interesa destacar aquí, aparte del poder de la Corte Suprema de los Estados Unidos de ejercer el control judicial (*judicial review*), es la idea misma antes expuesta de que en virtud de que la Constitución es manifestación de la voluntad del pueblo, el principal derecho constitucional de los ciudadanos es el *derecho a dicha Constitución y a su supremacía*, es decir, al respecto de la propia voluntad popular expresada en ella. Nada se ganaría con decir que la Constitución como manifestación de la voluntad del pueblo, es ley suprema que debe prevalecer sobre la de todos los órganos del Estado y sobre la actuación de los individuos, si no existiese el derecho de los integrantes del pueblo, es decir, de los ciudadanos a dicha supremacía y, además, a exigir el respeto de esa Constitución, lo que se traduce en el derecho a la tutela judicial efectiva de la propia Constitución; derecho que se refiere tanto a la parte orgánica de la Constitución como a la parte dogmática, para cuya preservación se establecen un conjunto de garantías, entre ellas la acción de amparo.

Ese derecho implica, además, en cuanto a la parte orgánica de la Constitución, el derecho ciudadano a la separación de poderes y el derecho a la distribución territorial del poder o a la autonomía de las instituciones político territoriales; y en cuanto a la parte dogmática, el derecho a la efectividad y goce de los derechos constitucionales mediante las garantías establecidas en la Constitución.

De todo lo anterior resulta entonces que en el constitucionalismo contemporáneo propio del Estado Constitucional y democrático de derecho, es posible identificar el mencionado derecho ciudadano a la Constitución, que a la vez, como hemos visto, se desdobla en el derecho ciudadano a la supremacía constitucional, el derecho ciudadano a la tutela efectiva de la Constitución, el derecho ciudadano al amparo a los derechos y garantías constitucionales, y el derecho ciudadano a la desobediencia civil e incluso, a la rebelión frente a rupturas ilegítimas de la Constitución.

Allí no cabe, por supuesto, ningún derecho de controlar «la constitucionalidad de la Constitución», como se realizó por los Tribunales Constitucionales en Nicaragua (2009), en Honduras (2015) y en Bolivia (2017), como se comenta más adelante, los cuales manipulando el «bloque de constitucionalidad» hicieron prevalecer el derecho político individual a ser electo sobre el derecho político colectivo a la alternabilidad democrática, inventándose un supuesto «derecho político a la reelección» que no existe como tal en una sociedad democrática.

Al contrario de lo que ocurrió en esos Tribunales constitucionales, por ejemplo, el Tribunal Constitucional de la República Dominicana en sentencia de 6 de septiembre de 2018,[14] al declarar la inadmisibilidad de una acción de

---

[14]   N° TC/0352/18.

inconstitucionalidad ejercida contra una Disposición de la propia Constitución de 2015 que limitaba específica y temporalmente la reelección presidencial (Disposición Transitoria vigésima), advirtió que «solo pueden ser cuestionados vía la acción de inconstitucionalidad las leyes, los decretos, reglamentos, resoluciones y ordenanzas, normas y textos infraconstitucionales, o sea colocados jerárquicamente por debajo de la Constitución», no procediendo en forma alguna contra disposiciones «integradas al cuerpo de la Constitución;» decidiendo en consecuencia que «el contenido de la Constitución es inimpugnable por medio de demandas de garantías o mediante el ejercicio de procedimientos constitucionales» (par. 9.12). Es decir, el Tribunal Constitucional de la República Dominicana fue contundente en esta materia al decidir, de la lectura del artículo 267 de la Constitución que regula la acción de inconstitucionalidad, que:

> «resulta la imposibilidad de que cualquier órgano distinto a la Asamblea Nacional Revisora modifique la Constitución, pues permitir que el Tribunal Constitucional o cualquier órgano del Estado modifique o anule alguna disposición de la Constitución sería usurpar el Poder Constituyente, atentar contra el orden constitucional y democrático perpetrándose un golpe a la Constitución» (par. 9.13).

En definitiva, como lo ratificó el Tribunal en la misma sentencia:

> «ningún órgano constituido, sea autoridad judicial o de otro poder público, puede reformar la Constitución sin intervención del órgano constituyente. Esta es una garantía esencial a la vigencia del Estado social y democrático de derecho, uno de cuyos pilares es la Supremacía de la Constitución y el respeto d a la soberanía popular» (par. 9.15).

Pero, en segundo lugar, además del derecho a la Constitución, en las nuevas tendencias del derecho constitucional derivado igualmente de la propia concepción de dicho Estado democrático de derecho, también puede identificarse el *derecho a la democracia*,[15] de lo que resulta que ésta debe ser considerada, no sólo como un régimen político determinado, sino como un derecho ciudadano colectivo, trayendo como consecuencia que los derechos políticos hayan dejado de estar reducidos a los que generalmente se habían establecido expresamente en las Constituciones, como son los clásicos derecho al sufragio, al desempeño de cargos públicos, a asociarse en partidos políticos y, más recientemente, a la participación política.

Además de esos derechos, en efecto, en el mundo contemporáneo ya podemos hablar de otros derechos políticos que se derivan del régimen democrático, como es el mencionado derecho ciudadano a la democracia, o a un régimen político en el cual se garanticen sus *elementos esenciales* tal como fueron

---

[15]  Véase Allan R. Brewer-Carías, «Prólogo: Sobre el derecho a la democracia y el control del poder», al libro de Asdrúbal Aguiar, *El derecho a la democracia. La democracia en el derecho y la jurisprudencia interamericanos. La libertad de expresión, piedra angular de la democracia*, Editorial Jurídica Venezolana, Caracas 2008, pp. 19 ss.

enumerados por la *Carta Democrática Interamericana* de la OEA 2001, que también forma parte del bloque de constitucionalidad -aun cuando en general no se mencione  y que son, además del derecho al respeto a los derechos humanos y las libertades fundamentales, los siguientes derechos políticos colectivos: el derecho de acceso al poder y su ejercicio con sujeción al Estado de derecho; el derecho a la celebración de elecciones periódicas, libres, justas y basadas en el sufragio universal y secreto, como expresión de la soberanía del pueblo; el derecho al funcionamiento de un régimen plural de partidos y organizaciones políticas y el derecho a la separación e independencia de los poderes públicos (art. 3). A ellos se agregan, conforme a la propia Carta Democrática Interamericana, además del derecho al respeto de los derechos sociales y del derecho el respeto de la libertad de expresión y de prensa, otros derechos políticos colectivos, como son el derecho a la transparencia de las actividades gubernamentales; el derecho a la probidad y la responsabilidad de los gobiernos en la gestión pública; el derecho a la subordinación constitucional de todas las instituciones del Estado a la autoridad civil legalmente constituida; y el derecho al respeto al Estado de derecho de todas las entidades y sectores de la sociedad (art. 4), lo que implica en definitiva el derecho ciudadano al control del ejercicio del poder.

Por ello es que precisamente en el mundo contemporáneo, la democracia no sólo se define como el gobierno del pueblo mediante representantes elegidos, sino además y por sobre todo, como un gobierno sometido a controles, y no solo por parte del Poder mismo conforme al principio de la separación de los poderes del Estado, sino por parte del pueblo mismo, es decir, de los ciudadanos, individual y colectivamente considerados, y precisamente a ello es que tienen derecho los ciudadanos cuando hablamos del derecho a la democracia.

Todos esos nuevos derechos políticos colectivos a la democracia, por supuesto también se han desarrollado en las Constituciones con la posibilidad, por supuesto, de ser también derechos justiciables.

## III.  LA GARANTÍA DE LOS PRINCIPIOS DEMOCRÁ-TICOS EN EL ESTADO CONSTITUCIONAL

Y esa justiciabilidad corresponde precisamente a la Justicia Constitucional, que como lo explicó que Manuel García Pelayo, al referirse en particular al tribunal constitucional español, como «un órgano constitucional destinado a dar plena existencia al Estado de derecho y a asegurar la vigencia de la distribución de poderes establecida por la Constitución».[16]

Es decir, se trata de órgano constitucional que actuando como máximo y último intérprete de la Constitución, debe garantizar no solo su supremacía y efectividad, sino la vigencia de los principios constitucionales que rigen la organización política de la sociedad, entre los cuales están, precisamente, los

---

[16]   Véase M. García Pelayo, «El Status del Tribunal constitucional», en *Revista Española de Derecho Constitucional*, Nº 1, Madrid, 1981, p. 15.

que conforman un Estado de derecho, que son, entre otros, el principio de la soberanía popular, el principio democrático representativo, el principio de la alternabilidad del gobierno, el principio de la separación de poderes, el principio del ejercicio del poder sometido a controles, el principio del pluralismo político, el principio de la primacía de la dignidad humana y de garantía de los derechos del hombre, el principio de la responsabilidad del Estado y de los gobernantes, y el principio de la subordinación de todas las instituciones del Estado a la autoridad civil legalmente constituida.

Esos principios democráticos, que son todos derechos ciudadanos, son tan viejos en el constitucionalismo moderno, como el principio mismo del control de constitucionalidad, correspondiendo precisamente a los órganos de la Jurisdicción Constitucional, en el Estado de derecho, resguardar, proteger y garantizarlos, y muy particularmente el principio democrático representativo, es decir, que los titulares de los órganos del Estado y en particular del gobierno se elijan conforme a un sistema electoral que garantice el ejercicio de los derechos políticos, entre ellos el derecho a votar y a ser electo, para la elección legítima de los representantes del pueblo, y que los mismos ejerzan sus funciones conforme a lo estipulado en la Constitución, respetando los principios democráticos antes mencionados, como el de la alternabilidad republicana.

No olvidemos que el constitucionalismo moderno la democracia como régimen político republicano de gobierno representativo, puede decirse que se formuló en la práctica a partir de 1776, en lo que luego serían los Estados Unidos de América, precisamente cuando hubo la necesidad de idear para el nuevo mundo, una nueva alternativa de gobierno frente al único conocido hasta entonces y durante las centurias anteriores, que era el de las Monarquías absolutas hereditarias, donde no cabía para nada la alternabilidad en el gobierno. Para esa sustitución, recordemos también el importante papel que tuvieron los escritos de Thomas Paine, sin duda, el ideólogo más importante de la independencia norteamericana.

Cuando en enero de 1776 Paine se pronunció por la separación de las Colonias norteamericanas de la Monarquía británica, y formuló por primera vez en las mismas la idea de la independencia, lo hizo dejando claro que el nuevo régimen político a establecer no podía ser el de la «locura del Gobierno hereditario de los reyes», o de «la absurdidad de la sucesión hereditaria», la cual consideró en su obra *Common Sense*, como:

> «un insulto y una imposición sobre la posteridad, porque siendo todos los hombres iguales en su origen, ninguno por su nacimiento pudo tener un derecho para establecer para siempre su misma familia con una perpetua preferencia sobre todas las demás».[17]

---

[17]    Véase Manuel García de Sena, *La independencia de Costa Firme justificada por Thomas Paine treinta años ha*, (1811), edición conmemorativa del Bicentenario de la Constitución de los Estados Unidos de América, (Estudio preliminar de Pedro Grases), Ministerio de Relaciones Exteriores Caracas 1987, pp. 83-84.

La propuesta de Paine que apuntaba a lo que es la esencia del principio de la alternancia en el poder, que luego plasmó en muchos de sus escritos, partió de la idea simple de lo que en 1795 llamó la división primaria de los formas de gobierno, que era: primero, el gobierno republicano por elección de representantes, y segundo, el gobierno de sucesión hereditaria; considerando que había sido precisamente dicha división el origen de las revoluciones que se sucedieron durante los últimas décadas del siglo XVIII en los Estados Unidos y en Francia, basadas en el conflicto entre «el sistema representativo fundado sobre los derechos del pueblo; y el sistema hereditario fundado en la usurpación»,[18] no solo el formado con Monarcas de sangre, sino incluso el establecido por dictadores citando nada menos que a su perseguidor, Maximillien Robespierre, actuando en representación de la Convención; considerando en definitiva al «sistema representativo como la invención de mundo moderno».[19]

Y así, precisamente, se forjaron los regímenes republicanos basados en la elección y representación, es decir, gobiernos representativos regidos por el principio de la alternancia en el poder, como contrapuestos al régimen de gobierno hereditario, caracterizado por la permanencia en el poder de los gobernantes, considerando Paine, simplemente, que no tenía «derecho de existir».[20]

En ese contexto de gobiernos republicanos representativos se formaron por tanto todas las democracias occidentales, y en cuanto a los sistemas de gobiernos presidenciales, estos se establecieron sobre la base de dos derechos políticos: primero, el derecho colectivo del pueblo a la democracia y a la representación; y segundo, los derechos políticos individuales de los ciudadanos a elegir sus representantes y a ser electos.

Y así, progresivamente se fue estableciendo el principio de la igualdad en el voto, sin exclusiones discriminatorias, de manera que nadie fuera excluido del derecho a votar ni nadie fuera excluido de su derecho a ser electo, por razones de raza, sexo, clase o condición social, por ejemplo; pero velando que el derecho a ser electo no significara entronización en el ejercicio del poder, razón por la cual se sujetó al principio de la alternabilidad republicana.

## IV. LA DEMOCRACIA, ENTRE LOS DERECHOS POLÍTICOS INDIVIDUALES A ELEGIR Y SER ELECTO, Y EL DERECHO COLECTIVO A LA ALTERNABILIDAD REPUBLICANA

Es decir, frente los dos derechos políticos individuales antes mencionados que son pilares de la democracia, como son el derecho a votar y a ser electo, está el otro derecho colectivo a la democracia misma, es decir, a que

---

[18] Véase en *Thomas Pain Reader* (Ed. Michael Foot and Isaac Kramnick), Penguin Books, 1987, p. 453.
[19] *Idem*, p. 454.
[20] *Idem*, p. 454.

la sociedad esté regida por un régimen democrático basado en la representación, de manera que el pueblo pueda variar la representación sin constreñimientos políticos.

Bajo ese contexto, por tanto, a nadie se le ha ocurrido la idea de decir que limitar el derecho individual de una persona a elegir solo mediante votación universal, directa y secreta, proscribiendo toda forma de voto basada en alguna representación corporativa, sectorial o fascista, pudiera ser una limitación odiosa e intolerable al derecho individual a elegir. Al contrario, esa limitación es necesaria pues con ella se resguarda el derecho de todos los ciudadanos a ser representados globalmente, como pueblo, que es una de las manifestaciones del derecho colectivo a la democracia.

E igualmente, a nadie se le había ocurrido la idea de decir que limitar el derecho de una persona a ser reelecto, por ejemplo, para ejercer el cargo de presidente de la República, reduciendo la posibilidad por ejemplo a solo dos períodos, pudiera ser una limitación odiosa e intolerable al derecho individual a ser electo, basado en el inaceptable argumento de que pudiera existir un supuesto «derecho humano a la reelección».[21] Al contrario, ese derecho no existe y esa limitación es necesaria pues con ella se garantiza el derecho colectivo de todos los ciudadanos a estar representados conforme a las exigencias cambiantes de una sociedad, como pueblo, y evitar que los electos en democracia se puedan convertir en especie de nuevos «monarcas» supuestamente electos, perpetuándose en el poder.

De allí el principio indisoluble que forma parte del derecho a la democracia que es el de la alternabilidad democrática, como signo esencial de su funcionamiento, lo que implicó que desde el inicio de la democracia moderna, en particular en los Estados Unidos, se hubiese adoptado la convención política de que el presidente de los Estados Unidos no debía ejercer el cargo sido durante dos períodos consecutivos, la cual fue sentada por George Washington, Thomas Jefferson, James Madison y James Monroe. El único presidente que no respetó la convención fue Franklin D. Roosevelt, a mitades del siglo

---

[21] Por ello, A. Mejía Rivera y Rafael Jerez Moreno, han titulado su comentario a la sentencia de Honduras «La reelección presidencial en Honduras, la sentencia espuria y la falacia de un derecho humano», en el libro *La reelección presidencial en Centroamérica: ¿Un derecho absoluto?*, (Coordinador Joaquín A. Mejía R., y con trabajos de Víctor Orozco S. Gonzalo Carrión Salvador Lulio Marenco Contreras Rafael Jerez Moreno Matilde Guadalupe Hernández Carlos Rafael Urquilla Bonilla Alfredo Ortega Gisela de León Ana Marcia Aguiluz), Editorial Diakonia, Honduras, 2018. Por su parte, Roberto Viciano Pastor y Gabriel Moreno González, con razón, al estudiar las sentencias de diversos tribunales constitucionales de América Latina se plantean el tema haciendo referencia al «pretendido «derecho humano» a la reelección o la utilización torticera del control de convencionalidad», en «Cuando los jueces declaran inconstitucional la Constitución: la reelección presidencial en América Latina a la luz de las últimas decisiones de las cortes constitucionales», en *Anuario Iberoamericano de Derecho Constitucional*, Centro de Estudios Políticos y Constitucionales, N° 22, Madrid 2018, pp. 165-198, disponible en https://recyt.fecyt.es/index.php/AIJC/article/view/69137 y en https://doi.org/10.18042/cepc/aijc.22.06.

pasado, quien ejerció la Presidencia durante tres periodos en plena guerra mundial y fue electo incluso para un cuarto período, pero murió al poco tiempo (1945). De esa experiencia resultó la propuesta formulada por el Congreso en 1947, de aprobar la Vigesimosegunda Enmienda a la Constitución, ratificada en 1951, en la cual se dispone expresamente que «Ninguna persona podrá ser elegida para el cargo de presidente más de dos veces».

En el mundo latinoamericano, este principio de la alternabilidad republicana o de la alternancia en el gobierno[22] para evitar el entronizamiento por vía de sufragio de alguna especie de «monarcas» en el poder y, al contrario, asegurar el derecho colectivo del pueblo a la democracia representativa, puede decirse que se estableció desde el mismo inicio de la República.

Así, en la primera Constitución de ámbito nacional que se sancionó en la América Hispana, que fue la Constitución Federal de los Estados de Venezuela del 21 de diciembre de 1811, se incorporó al constitucionalismo venezolano e hispanoamericano el principio de la alternabilidad republicana al preverse en su artículo 188, lo siguiente:

> «Artículo 188. Una dilatada continuación en los principales funcionarios del Poder Ejecutivo es peligrosa a la libertad, y esta circunstancia reclama poderosamente una rotación periódica entre los miembros del referido Departamento para asegurarla».

Es decir, desde el inicio del constitucionalismo latinoamericano se incorporó el principio de que debía haber una rotación periódica en los titulares del Poder Ejecutivo, considerándose, con razón, que la dilatada continuidad en el ejercicio de sus funciones era peligrosa a la libertad, pues no era otra cosa que el equivalente a un «monarca» con derecho a sucesión propia.

Pocos años después, Simón Bolívar, al terminar el proceso de liberación de los territorios de Venezuela y proceder a la reconstitución del Estado devastado por la guerra, lo expuso de presentación del proyecto de Constitución al Congreso de 1819, reunido en Angostura, expresando que:

> «…La continuación de la autoridad en un mismo individuo frecuentemente ha sido el término de los gobiernos democráticos. Las repetidas elecciones son esenciales en los sistemas populares, porque nada es tan peligroso como dejar permanecer largo tiempo en un mismo ciudadano el poder. El pueblo se acostumbra a obedecerle y él se acostumbra a mandarlo; de donde se origina la usurpación y la tiranía. … nuestros ciudadanos deben temer con sobrada justicia que el mismo Magistrado, que los ha mandado mucho tiempo, los mande perpetuamente»[23].

---

[22] Las expresiones «alternativo» o «alternabilidad» cuando se refieren a cargos en ejercicio del poder, conforme al *Diccionario de la Real Academia Española,* significa que las personas deben *turnarse sucesivamente* en los mismos o que éstos deben desempeñarse por turnos.

[23] Véase en Simón Bolívar, *Escritos Fundamentales*, Caracas, 1982.

Conforme a ello, el principio se recogió en el texto de la Constitución de 1819 al preverse límites a la reelección respecto del presidente de la República, indicándose en el artículo 3, sección primera del Título 7°, que «la duración del presidente será de cuatro años, y no podrá ser reelegido más de una vez sin intermisión».

Con ello se inició entonces la tradición de establecer en las Constituciones latinoamericanas límites a la reelección presidencial, los cuales se recogieron en el artículo 107 de la Constitución de Colombia de 1821.

En la Constitución venezolana de 1830, sancionada una vez reconstituido el Estado de Venezuela al disolverse la Gran Colombia, el principio enunciado en la Constitución de 1811 y formulado por el Libertador, se incorporó expresamente en forma directa como cláusula pétrea, al establecerse que

«Art. 6. El Gobierno de Venezuela *es y será siempre* republicano, popular, representativo, responsable y *alternativo*».

Este texto se recogió posteriormente en casi todos los 26 textos constitucionales posteriores que ha tendido Venezuela en toda su historia constitucional,[24] y se conservó en la Constitución de 1999 (art 6), habiendo sido considerado por la Sala Electoral del Tribunal Supremo de Justicia de Venezuela en sentencia n° 51 de 18 de marzo de 2002, como un «principio general y presupuesto democrático», indicando que el mismo significa «el ejercicio sucesivo de un cargo por personas distintas, pertenezcan o no a un mismo partido».

Por tanto, en nuestro criterio, entre los principios democráticos que debe preservar el Juez Constitucional está, sin duda, ese principio de la alternabilidad republicana, como expresión del derecho colectivo de los ciudadanos a la democracia, tendiente a asegurar que las personas no se perpetúen en el ejercicio del poder, y que se asegure la participación en el ejercicio del poder de todos; o en otros términos, que se asegure la alternancia en el poder de diversas personas, así sean del mismo grupo político, y se evite la permanencia indefinida en el ejercicio del poder de determinadas personas.

---

[24]  Véase el texto de todas las Constituciones en Allan R. Brewer-Carías, *Las Constituciones de Venezuela*, 2 vols., Academia de Ciencias Políticas y Sociales, Caracas 2008. Véase, además, Allan R. Brewer-Carías, *Historia Constitucional de Venezuela*, 2 vols., Editorial Alfa, Caracas 2008. En la historia constitucional del país, en realidad, la prohibición de la reelección presidencial inmediata solamente dejó de establecerse en las Constituciones de los gobiernos autoritarios: en la efímera Constitución de 1857; en las Constituciones de Juan Vicente Gómez de 1914, 1922, 1925, 1928, 1929 y 1931, y en la Constitución de Marcos Pérez Jiménez de 1953. La prohibición, en cambio, respecto del presidente de la República, en el período democrático iniciado en 1958 fue más amplia y se extendió en la Constitución de 1961 a los dos períodos siguientes (10 años). La flexibilización del principio, en cambio, se produjo en la Constitución de 1999, en la cual se permitió la posibilidad de reelección presidencial de inmediato y por una sola vez, para un nuevo período. Conforme a ella, ya se reeligió al Presidente Chávez en 2006, y a pesar de que fue sancionada por una Asamblea Nacional Constituyente enteramente controlada por él, diez años después el mismo Presidente ya reelecto, es quien propuso reformarla.

Sin embargo, en la materia no siempre hemos visto a un Juez Constitucional aguerrido que haya salido en defensa del principio representativo y alternativo habiendo tenido en eta materia, en nuestro continente, de todo.

## V. EL PRECEDENTE SENTADO POR LA SUPREMA CORTE DE JUSTICIA DE ARGENTINA RECHAZANDO LA SUPUESTA PREVALENCIA DEL DERECHO A LA REELECCION SOBRE LA ALTERNABILIDAD EN 1994

Un ejemplo positivo en esta materia, en mi criterio, fue el sentado, primero, por la Suprema Corte de la Nación de Argentina en 1994, la cual entre los principios republicanos y de alternancia en el ejercicio del poder y la reelección presidencial, le dio la prevalencia al primero.

En efecto, la Suprema Corte de Argentina rechazó considerar la supuesta existencia de un «derecho a la reelección» como «derecho fundamental», que podría oponerse a las limitaciones a la reelección presidencial podrían considerarse como violatorias de algún derecho constitucional, y al decidir mediante sentencia de 6 de octubre de 1994, una solicitud de «acción declarativa de certeza», formulada por el Partido Justicialista de la Provincia de Santa Fe,[25] pretendiendo que se declarase inconstitucional el artículo 64 de la Constitución de la Provincia de Santa Fe, que había establecido una limitación a la reelección del gobernador y vicegobernador, estableciendo la necesidad de un intervalo de un período para posibilitarla.

La Corte concluyó indicando que dicha limitación «no vulnera ninguno de los principios institucionales» del régimen constitucional de la Nación, como tampoco vulnera:

«las garantías individuales, ni los derechos políticos que reconocen a los ciudadanos esta Ley Fundamental y los tratados y convenciones sobre derechos humanos que, con igual jerarquía, incorpora a la Carta Magna el art. 75, inc. 22,de la reforma introducida en 1994, pues la forma republicana de gobierno -susceptible, de por sí, de una amplia gama de alternativas justificadas por razones sociales, culturales, institucionales, etc.- no exige necesariamente el reconocimiento del derecho de los gobernantes a ser nuevamente electos».

La Corte, para desechar la acción, consideró que en general, los «derechos de cada persona están limitados... por las justas exigencias del bien común en una sociedad democrática» (art. 32, inc. 2, Convención Americana sobre Derechos Humanos)», agregando que «el principio de soberanía popular tampoco requiere que se reconozca al cuerpo electoral la facultad de man-

---

[25] Véase sentencia CSJN, «Partido Justicialista de Santa Fe c. Provincia de Santa Fe», 6/10/94, «Fallos», 317:1195; citada además en Néstor Sagués, *Derecho Constitucional*, Buenos Aires, Astrea, 2017, tomo 2, «Estatuto del Poder», p. 355.

tener como representante a quien ha cumplido con su mandato en los términos en que originariamente había sido elegido».[26]

## VI. EL EJEMPLO DE LA CORTE CONSTITUCIONAL DE COLOMBIA: LA PREVALENCIA DEL PRINCIPIO DE LA ALTERNACIÓN EN EL EJERCICIO DEL PODER ANTE LA REELECCIÓN PRESIDENCIAL (2010)

Otro caso que debe destacarse más recientemente, sobre el principio de la alternabilidad democrática, denominado en Colombia como el principio «de la alternación en el ejercicio del poder público», fue el decidido por la Corte Constitucional a declarar la inconstitucionalidad de la Ley 1354 de 2009, una vez que fue sometida a control de constitucionalidad automático, por medio de la cual se había convocado a un referendo constitucional para someter a consideración del pueblo un proyecto de reforma constitucional, puntual, del inciso primero del artículo 197, que regula la reelección presidencial, con el objeto de permitir una segunda reelección del Presidente de la República, agregando a la norma que «Quien haya sido elegido a la Presidencia de la República por dos períodos constitucionales, podrá ser elegido únicamente para otro período».

La decisión de la Corte Constitucional se adoptó mediante la sentencia C-141/10 de 26 de febrero de 2010,[27] en la cual la misma, para decidir, comenzó por recordar la evolución del tema de la reelección presidencial en el constitucionalismo reciente, a partir de la Constitución de 1991, en la cual se había establecido inicialmente el principio de la prohibición de la reelección presidencial (art. 260).

Dicha norma fue modificada por Acto Legislativo 02 de 2004, en el cual se estableció la posibilidad de reelección presidencial inmediata, cuya constitucionalidad fue revisada por la Corte Constitucional, habiendo la misma concluido mediante la sentencia C-1040 de 2005, que la misma no se configuraba como una sustitución de la Constitución, pues:

---

[26] La sentencia tiene además un Voto del Ministro de la Corte Carlos S. Fayt, en el cual explicó que la limitación establecida en el artículo 64 de la Constitución de la Provincia de Santa Fe, «no contrasta con garantía fundamental alguna», precisando que «la reelección consecutiva de los titulares del poder ejecutivo -nacional o provincial-», en definitiva no es un un «derecho» fundamental. El Ministro Fayt, así, expresó con claridad que: «la posibilidad de reelección del poder ejecutivo -sea nacional, sea provincial no es una característica diferencial del sistema republicano de gobierno» agregando que «no cabe duda alguna que la periodicidad de los mandatos se halla más cerca del espíritu que anima los arts. 1°, 5°, y 123 de la Constitución Nacional que el supuesto «derecho» que intentan esgrimir los actores». Consideró el Ministro Fyat, además, que la limitación a la reelección no viola la Convención Americana de Derechos Humanos ni el Pacto Internacional de Derechos Civiles y Políticos, incorporados a la Constitución, no siendo sino una «elaboración forzada la tesis según la cual la reelección participa de la naturaleza de los «derechos fundamentales». *Idem.*

[27] Sentencia C-141/10.

«permitir la reelección presidencial -por una sola vez y acompañada de una ley estatutaria para garantizar los derechos de la oposición y la equidad en la campaña presidencial- es una reforma que no sustituye la Constitución de 1991 por una opuesta o integralmente diferente».

Precisando, además, la misma sentencia, que con la reforma se había «preservado la alternación en el poder al haberse limitado *a una* sola *vez* la posibilidad de reelección».

Frente a la reforma propuesta con Ley 1354 de 2009 que, como se dijo, tenía por objetivo autorizar la reelección presidencial por dos períodos constitucionales, lo que implicaba la posibilidad de que un ciudadano pudiera ejercer la Presidencia de la República durante doce (12) años, correspondientes a tres períodos constitucionales de cuatro años; la Corte Constitucional procedió de nuevo a confrontar dicha ley con los elementos definitorios de la Constitución de 1991 que pudieran implicar una «sustitución constitucional», es decir, procedió a determinar «si la Ley 1354 de 2009 al proponer una reforma constitucional consistente en la posibilidad de una segunda reelección presidencial sustituye el principio de alternación en el poder político. Y ello lo hizo, partiendo del contexto del Estado republicano democrático y participativo regulado en la Constitución, montado sobre el principio de separación de poderes y sobre el principio de la alternación en el ejercicio del poder. En ese contexto, para enfatizar el carácter republicano del gobierno, la Corte Constitucional acentuó su diferencia con la forma monárquica, al indicar que:

«lo que distingue a la república es el énfasis puesto en la legitimidad derivada de las elecciones, la importancia concedida al carácter periódico y disputado de los comicios, junto con la temporalidad del jefe del Estado y la garantía del derecho político a concurrir a la justa electoral, con el fin de elegirlo en condiciones de igualdad. La forma republicana procura así que el ejercicio temporal de la suprema magistratura permita, cada tanto, la postulación de varios ciudadanos con idéntica oportunidad, así como la intervención del cuerpo electoral integrado por todos los ciudadanos que, al efecto, se encuentran dotados de igual derecho para escoger al candidato de sus preferencias».

Para evaluar si la reforma propuesta significaba una sustitución constitucional, que alteraba los fundamentos constitucionales del Estado, la Corte Constitucional evaluó las consecuencias de la segunda reelección inmediata en relación con todos los otros poderes públicos, concluyendo por ejemplo, específicamente, con la consideración de la «pérdida de autonomía e independencia de la rama judicial del poder público y de ciertos organismos autónomos e independientes», así como en la «conformación del órgano legislativo, lo que, en definitiva, altera el equilibrio de poderes diseñado por la Constitución de 1991».

Pero en particular, la Corte Constitucional, en su sentencia, hizo especial referencia al tema de la segunda reelección y el principio de alternación en el ejercicio del poder, como principio democrático esencial, conforme al cual los representantes «no son elegidos por un plazo indefinido o para que se perpetúen en el ejercicio del poder, sino que periódicamente han de llevarse a cabo elecciones para proveer sus plazas». Por tanto, dijo la Corte, «la idea misma de representación va ligada por lo tanto a los períodos fijos y a las elecciones periódicas», de modo que la alternación en el ejercicio del poder «cobra una doble dimensión: (i) como eje del esquema democrático y (ii) como límite al poder político», de manera que «en una democracia toda autoridad es rotatoria», no existiendo «cargos de elección popular vitalicios, pues para todos ellos, sin importar su rango, se establece un término fijo señalado por la Constitución o la Ley».

Sobre el principio de la alternación, como «elemento o componente esencial del modelo democrático», la Corte Constitucional indicó que mediante el mismo se busca garantizar «la posibilidad de que distintos partidos o corrientes ideológicas accedan al ejercicio del poder, es decir, las elecciones periódicas y los períodos fijos son, a su vez, una de las garantías del principio del pluralismo político», entrañando *dos* nociones *básicas, que son la igualdad política y la libertad política», precisando en todo caso, que el mismo* «como elemento definitorio de la Constitución de 1991 no necesariamente implica la prohibición de la reelección respecto de todos los cargos públicos».

En el caso de la reforma, dijo la Corte Constitucional, era cierto que la Ley 1354 de 2009 «no propone la reelección presidencial indefinida, sino solamente para un tercer período consecutivo, de manera tal que también fija un límite absoluto al término del ejercicio del poder por parte del Presidente de la República, sólo que ahora este podría ser hasta de doce años», considerando, en ese caso que «en esa medida la sustitución de la Constitución radicaría en la potencial extensión del mandato presidencial, el cual se prolongaría mediante la posibilidad de dos reelecciones». Para llegar a esta conclusión, la Corte considero concluyente la sentencia de la misma Corte Constitucional C-1040 de 2005, «en la cual se sostuvo textualmente que la reelección inmediata *por una sola vez* no configuraba una sustitución del principio de alternación en el ejercicio del poder, elemento esencial de la Constitución de 1991 y, por lo tanto, en sentido contrario, la posibilidad de una segunda reelección inmediata sí constituye quebrantamiento de este principio».

Y esa fue, en definitiva, la conclusión de la Corte Constitucional, considerando que:

> «un tercer período en el ejercicio del poder, que fuera el resultado de una segunda reelección presidencial, desvirtuaría el principio de alternación, ya que mantendría en el poder a una persona e impondría la reproducción de una misma tendencia política e ideológica durante un lapso mayor al que es juzgado razonable de acuerdo con las reglas de funcionamiento de un régimen presidencial típico y al que el propio constituyente colombiano estableció, tanto en la versión original de la

Carta de 1991, como en la reforma válidamente introducida mediante el Acto Legislativo No. 02 de 2004».

De todo lo anterior, concluyó la Corte Constitucional considerando que inexorablemente «la segunda reelección y el tercer período consiguiente implican un quebrantamiento de la Constitución y que esa rotura sustituye varios de los ejes definitorios de la Constitución de 1991 que tienen que ver con la estructura institucional acogida por el Constituyente y con los derechos, principios y valores que, según la concepción plasmada en la Carta, son el soporte de esa estructura que, siendo en sí misma valiosa, adquiere la plenitud de su sentido cuando los sirve de manera efectiva», declarando e definitiva que «la Ley 1354 de 2009 que busca hacer posible una reforma constitucional que la instituya vulnera la Carta y debe ser declarada inconstitucional», como en efecto lo hizo en la sentencia declarando «*inexequible* en su totalidad la Ley 1354 de 2009.

En todo caso, luego de que la Corte decidió que la reelección para dos períodos presidenciales, no significaba una sustitución del sistema constitucional, pero en cambio si lo significaba para tres períodos, el presidente Álvaro Uribe no pudo plantear su candidatura. Lo siguió en la presidencia el presidente Santos, quien estuvo por dos períodos. En todo caso, durante su mandato, en 2015, el artículo 197 constitucional fue de nuevo reformado, volviéndose al espíritu de la Constitución de 1999, al establecerse de nuevo la prohibición absoluta de la reelección presidencial, con una previsión de que la misma solo podría ser reformada en el futuro referendo de iniciativa popular o asamblea constituyente.[28]

## VII. EL CONTRASTE DE LA CORTE CONSTITUCIONAL DE ECUADOR, IGNORANDO EL PRINCIPIO DE LA ALTERNANCIA EN EL EJERCICIO DEL PODER ANTE LA REELECCIÓN PRESIDENCIAL (2014)

El tema de la reelección presidencial también fue objeto de una enmienda constitucional en Ecuador, sancionada por la Asamblea Nacional, mediante la cual, entre otras normas, se reformó la previsión de la Constitución (art. 144) que establecía la sola posibilidad de la reelección presidencial por una sola vez, proponiendo que se sustituyera por otra previendo, simplemente, la reelección ilimitada.

Buena parte de las enmiendas constitucionales propuestas fueron objeto de acciones de inconstitucionalidad ante la Corte Constitucional, planteando los recurrentes que, con las mismas se alteraban elementos fundamentales del Estado, cuya reforma no podía constitucionalmente hacerse mediante el mecanismo de enmienda constitucional.

---

[28] La Corte Constitucional revisó la constitucionalidad de la reforma mediante sentencia No. C-230/16 de 11 de mayo de 2016. Véase en http://www.corteconstitucional.gov.co/relatoria/2016/C-230-16.htm

La Corte Constitucional resolvió las acciones de inconstitucionalidad mediante sentencia No. 001-14- RC 31 de octubre de 2014,[29] declarándolas sin lugar, centrando su argumentación por lo que se refiere al tema de la reelección residencial, precisamente refiriéndose al tema de la «democracia y la alternancia como elemento constitutivo del Estado», concluyendo, sin embargo, con un resultado diametralmente opuesto al decidido por la Corte Constitucional de Colombia, antes comentado, ignorando el derecho a la democracia y a todos sus componentes esenciales.

Para llegar a esta conclusión, la Corte Constitucional de Ecuador definió la democracia, con una miopía, asombrosa, descartando que fuera una regla constitucional, sino como un valor o principio, que referida al Estado lo único que implicaba es «la participación de los ciudadanos en la adopción de las decisiones, mecanismos de participación que se articulan en torno a generar justamente 'la más amplia participación posible'», a cuyo efecto, a decir de la Corte, «la Constitución ecuatoriana, en su artículo 95 desarrolla un amplio concepto de democracia participativa, dejando atrás la concepción formal de la democracia meramente representativa».

Con base en esta premisa errada y simplista, la Corte Constitucional del Ecuador precisó que «los procesos de elección y reelección de autoridades públicas se circunscriben a un ejercicio de la democracia directa dentro de un Estado constitucional»,  en el cual el pueblo es libre de elegir y reelegirá os gobernantes  «como manifestación de la confianza del electorado en el desempeño de sus funciones;» procesos donde  «el elemento central de la participación es el principio de igualdad» tanto para ejercer el derecho de elegir» como el derecho a ser electo.  En ese contexto del derecho a la «participación de la ciudadanía en todos los asuntos de interés público» (art. 9%), la Corte consideró que «la posibilidad de candidatearse afianza la participación ciudadana, puesto que las autoridades que ejercen la facultad de ser reelectos por más de una vez deberán someterse a la transparencia de legitimidad a través de un proceso eleccionario democrático en el que el pueblo decidirá su reelección o no».

En ese contexto, por tanto, el principio de la alternancia según la Corte Constitucional no tenía valor alguno, y menos cuando el carácter «alternativo» del gobierno que se estableció en la historia constitucional del Ecuador (art. 1, Constitución  de 1998), fue expresamente eliminado en la Constitución de 2009, aparte de que según la Corte en dicha norma «no se establecía que la alternancia formase parte de los elementos del Estado», son que era solo «una característica de la forma de gobierno establecida».

De allí la conclusión de la Corte en el sentido de que «la actual Constitución ecuatoriana del año 2008 no reconoce a la alternancia como un elemento de la forma de gobierno;» o en otras palabras, la Constitución «no consideró a

---

[29]  Veáse en https://especiales.elcomercio.com/documentos/2014/11/Sentencia_Corte.pdf

la alternancia como un elemento que forme parte de la estructura fundamental, el carácter o elementos constitutivos del Estado, ni tampoco como una característica esencial de la forma de gobierno».

Sin embargo, terminó la Corte afirmando que, si bien la alternancia no se encuentra dentro de los elementos constitutivos del Estado, ello «no significa que haya desaparecido del régimen democrático ecuatoriano», pues la misma es, en definitiva, «el resultado del derecho constitucional de participación de elegir». Así, la Corte Constitucional redujo el principio de la alternabilidad al principio electivo, como fraudulentamente lo hizo la Sala Constitucional de Venezuela, en la sentencia que dictó en la materia en 2009, y que se comenta más adelante.

De todo ello, la Corte concluyó con que «la propuesta de modificaciones del texto constitucional no altera la estructura fundamental, o el carácter o elementos constitutivos del Estado», aceptando que era procedente sancionar las mismas mediante el procedimiento de la Enmienda, declarando entonces sin lugar las acciones de nulidad por inconstitucionalidad.

En todo caso, el Presidente Lenin Moreno quien sustituyó a Rafael Correa en la presidencia sometió el tema de la reelección a referendo en 2018, habiéndose aprobado una reforma constitucional estableciendo la posibilidad de reelección de todos los funcionarios, pero solo por una sola vez.

Ahora bien, lo resuelto por la Corte Constitucional de Ecuador, en contraste con lo resuelto por la Corte Constitucional de Colombia, frente a la reelección presidencial en un caso ignorando el principio democrático de la alternabilidad, la alternancia o la alternación en el ejercicio del poder, y en el otro dándole todo valor y prevalencia sobre el derecho individual a votar o a ser electo o a la reelección, por supuesto, toca el meollo de uno de los temas actualmente más debatidos relativos a la democracia contemporánea en América Latina, y es el relativo a la reelección presidencial, que ha buscado resolverse teniendo en cuenta, dentro del bloque de constitucionalidad, solo los derechos individuales de los ciudadanos a elegir y a ser electos, ignorándose la existencia, frente a esos derechos, del derecho colectivo del pueblo a la democracia, y en ella, a la alternancia en el ejercicio del poder.

Ello debe exigir al intérprete constitucional, la necesidad de ponderar y determinar la necesaria prevalencia que pueda existir entre unos y otros derechos, y en particular entre el ejercicio de unos derechos individuales y el de un derecho colectivo.

Sin embargo, al contrario, entre las soluciones judiciales que se observan en los países de América Latina, desde que se planteó la discusión ante la Sala Constitucional de Costa Rica en 2003, las soluciones judiciales al dilema planteado con las pretensiones de continuismo en el poder mediante la consagración de la reelección presidencial, no se ha hecho poniendo en la balanza, por una parte, el derecho colectivo a la democracia y a la alternancia en el poder, y por la otra, los derechos individuales a elegir y ser electo; sino que se ha hecho considerando solo estos derechos políticos individuales en el marco del mal uso del «bloque de constitucionalidad» llegándose al absurdo de hacer prevalecer unas normas sobre otras, en desmedro del derecho a la democracia.

Esto ha ocurrido en decisiones de varios tribunales constitucionales de América latina,[30] cuyas sentencias son precisamente a las cuales quiero referirme en esta exposición. Me específicamente a las dictadas por los Tribunales constitucionales de Costa Rica, Venezuela, Nicaragua, Honduras y Bolivia.

## VIII. EL CASO DE COSTA RICA, O DE CÓMO EL JUEZ CONSTITUCIONAL EVADIÓ LA DISCUSIÓN SOBRE EL SUPUESTO DERECHO POLÍTICO A LA REELECCIÓN (2003)

En primer lugar, debemos hacer mención a la sentencia dictada por Sala Constitucional de la Corte Suprema de Costa Rica, de 4 de abril de 2003,[31] en un juicio iniciado mediante una acción de inconstitucionalidad que se intentó contra la reforma constitucional del artículo 132.1 de la Constitución Política, en la cual se alegó no sólo que en el procedimiento de reforma se había violentado lo dispuesto en el artículo 195 de la Constitución Política, sino que la prohibición impuesta en la reforma a los expresidentes de la República de volver a ocupar la primera magistratura, se consideraba inconstitucional, pues con ello se le suprimían sus derechos a elegir y a ser electo. Además, se estimó que con la reforma impugnada se violentaban los artículos 1, 2, 23 y el 24 de la Convención Americana sobre Derechos Humanos y los derechos de libertad de elegir y de ser elegidos, así como la democracia electoral, llegándose a argumentar que la prohibición a la reelección violentaba:

> «no solo el fuero humano de ser elegido en condiciones de igualdad - discriminándolos por haber ejercido antes la presidencia de la república- , sino el de todos los costarricenses de votar en elecciones periódicas que garanticen la libre expresión de la voluntad de los electores, en este caso, la libre voluntad de reelegir a un expresidente de la república en condiciones de igualdad».

Dos motivos de inconstitucionalidad fueron entonces los que se plantearon ante la Sala Constitucional: uno de forma, por no haberse seguido el procedimiento constitucional prescrito para aprobar una reforma a la Constitu-

---

[30]  Véase entre otros trabajos: Ernesto Cárdenas y Federico Corredor, «El juez constitucional y la reelección presidencial en América Latina», en *Revista de Economía Institucional*, vol. 20, n.º 38, primer semestre/2018, pp. 45-70.; en http://www.scielo.org.co/pdf/rei/v20n38/0124-5996-rei-20-38-00045.pdf; y el libro *La reelección presidencial en Centroamérica: ¿Un derecho absoluto?*, (Coordinador Joaquín A. Mejía R., y con trabajos de Víctor Orozco S. Gonzalo Carrión Salvador Lulio Marenco Contreras Rafael Jerez Moreno Matilde Guadalupe Hernández Carlos Rafael Urquilla Bonilla Alfredo Ortega Gisela de León Ana Marcia Aguiluz), Editorial Diakonia, Honduras, 2018.

[31]  Exp. O2-005494-0007-CO.

ción; y otro de fondo, por considerar que la reforma sancionada violaba derechos garantizados en la Constitución y en la Convención Americana de Derechos humanos.

Sobre lo segundo, la Procuraduría General de la República argumentó en el proceso, con toda razón, que la Ley de la Jurisdicción Constitucional no estableció expresamente la posibilidad de que la Sala pudiera conocer de acciones de inconstitucionalidad contra el contenido de la Constitución Política, como lo decidió también en la antes mencionada sentencia el Tribunal Constitucional de República Dominicana en 2018, considerando que los Tribunales Constitucionales deben estar subordinados a la Constitución, no pudiendo sustituir la voluntad de un pueblo, «quien la delega en una Asamblea Constituyente o en la Asamblea Legislativa que actúa conforme al artículo 195». Agregó, además, la Procuraduría, que la Sala nunca había declarado «la inconstitucionalidad de una norma de la Constitución tomando como parámetro de constitucionalidad los instrumentos internacionales vigentes en el país», considerando, además, con razón, que «la prohibición de la reelección no viola principios esenciales del Estado de derecho».

La Sala Constitucional, en su sentencia,[32] declaró su propia competencia para conocer de la acción de «la inconstitucionalidad de la reforma constitucional aquí impugnada», es decir, «de la reforma del artículo 132 inciso 1), de la Constitución Política de 1949, realizada mediante ley No. 4349 del 11 de julio de 1969», que restringió la posibilidad de la reelección presidencial; en su carácter de órgano constitucional «encargado de garantizar la supremacía de las normas y principios constitucionales y tutelar los derechos y garantías fundamentales».

Para decidir, la Sala Constitucional pasó revista al tema de la reelección presidencial en la historia de Costa Rica, destacando cómo, desde el inicio, y al contrario del caso antes mencionado de Venezuela, las Asambleas Constituyentes mostraron una clara tendencia a reconocer el derecho de reelección a aquellas personas que ejercieran el Poder Ejecutivo. Ello fue así hasta la reforma constitucional de 1949, en la cual se estableció un límite temporal a la reelección presidencial para los que «hubieran servido la Presidencia en cualquier lapso dentro de los ocho años anteriores al período para cuyo ejercicio se verificare la elección (artículo 132 inciso 1). En todos los casos, las regulaciones constitucionales las habían adoptado Asambleas Constituyente, siendo la reforma adoptada mediante la Ley No. 4349 de 11 de julio de 1969, que fue la impugnada, la única vez en la cual la reelección se reguló por la Legislatura, estableciéndose la posibilidad de «la reelección por una sola vez, a todas aquellas personas que, en ese momento, ostentaban la condición de expresidentes».

---

[32] La sentencia se dictó bajo la Ponencia de la magistrada Ana Virginia Calzada Miranda. La Sala estuvo integrada por: Luis Fernando Solano C.(Presidente), Luis Paulino Mora M., Carlos M. Arguedas R., Ana Virginia Calzada M., Adrián Vargas B., Gilbert Armijo S., y Ernesto Jinesta L.

La Sala, por otra parte, se refirió al «derecho de elección, como derecho político», al cual consideró como «un derecho fundamental», agregando que históricamente, conforme a la Constitución Política de 1949, «fue la voluntad popular a través de la Constituyente, la que dispuso que existiera la reelección presidencial, con el fin de garantizarse el pueblo el efectivo derecho de elección;» y haciendo referencia a l Convención Americana de Derechos Humanos (artículo 23), en particular al derecho de los ciudadanos a «votar y ser elegidos», con la posibilidad de que se establezcan por ley limitaciones solo «por razones de edad, nacionalidad, residencia, idioma, instrucción, capacidad civil o mental, o condena, por juez competente, en proceso penal». La sala, de allí, concluyó con la afirmación de que:

> «La reelección, según se desprende de la voluntad popular suscrita históricamente, establece la posibilidad para el ciudadano de elegir libremente a sus gobernantes, por lo que, al reformarse la Constitución en detrimento de la soberanía del pueblo, y en desgaste de sus derechos fundamentales, lo que se produjo en este caso fue la imposición de más limitaciones que las ya existentes en razón de edad, nacionalidad, residencia, idioma, instrucción, capacidad civil o mental, o condena».

Con base en esta premisa, la Sala consideró que «de resultar inconstitucional la forma en que la Asamblea Legislativa suprimió este derecho, implicaría que su restauración deba sujetarse al procedimiento correspondiente», pasando a analizar la forma cómo se sancionó la reforma constitucional por la Asamblea Legislativa, de lo cual concluyó con la afirmación de que:

> «la Asamblea Legislativa carece de competencia para hacer una reforma parcial que afecte los derechos fundamentales y las decisiones políticas fundamentales, por el procedimiento establecido en el artículo 195 de la Constitución Política. La Asamblea Nacional Constituyente estableció en el numeral 132 de la Constitución regulaciones a los derechos políticos de quienes aspiren al cargo de presidente o vicepresidente de la República. En el caso que nos ocupa en esta decisión judicial, el inciso 1) prohibía la reelección únicamente para aquellos que hubieren ejercido la Presidencia en cualquier lapso dentro de los ocho años anteriores al período para cuyo ejercicio se verificare la elección. La reforma operada por Ley No. 4349 prohibió en forma total la reelección presidencial, afectando negativamente derechos políticos de los ciudadanos y al actuar así, la Asamblea Legislativa, en ejercicio del Poder Constituyente de reforma parcial, excedió los límites de su competencia».

De ello, la Sala concluyó su sentencia decidiendo que una reforma constitucional mediante la cual se limite un derecho político dado por el constituyente originario, como era el relativo a la reelección presidencial, debía hacerse «a través del mecanismo de reforma general previsto en el artículo 196 constitucional», considerando en consecuencia que «la reforma al artículo 132 de la Constitución Política, operada mediante la Ley N°4349, se produjo una violación al procedimiento previsto según lo señalado», declarándola nula.

Debe precisarse que la Sala, en su decisión, aun cuando en la motiva se pronunció por considerar el «derecho a la reelección» como un derecho político «fundamental», en la resolutoria no se pronunció sobre el fondo de lo que era el debate constitucional en materia de reelección presidencial, en el marco del principio democrático, que exige optar, ante limitaciones impuestas a la reelección, entre la protección de los derechos individuales de los ciudadanos a elegir y ser electos, y el derecho colectivo a la alternabilidad republicana en el gobierno, el cual, sin embargo, ni se mencionó.

Aclaró, en todo caso, la Sala que, con especial fundamento en el principio democrático, en realidad:

«lo revisado por este Tribunal es el procedimiento mediante el cual se produjo la reforma constitucional aquí impugnada, no sobre la conveniencia del instituto de reelección presidencial, por cuanto tal decisión es una competencia que le corresponde en forma exclusiva al poder constituyente originario».

El tema central de la discusión sobre la existencia o no de un supuesto derecho a la reelección, o de la prevalencia de la aplicación en esta materia de la Convención Americana sobre Derechos Humanos en relación con la Constitución, que se planteó en los alegatos ante la Sala, sin embargo no fueron considerados por la misma, limitándose la sentencia a anular la previsión mencionada del artículo 132 de la Constitución que prohibía la reelección, por no ajustársela reforma  al procedimiento previsto en la Constitución, con lo cual, en todo caso se abrió la posibilidad para permitir de nuevo la elección de Óscar Arias para otro mandato (2006-2010).

## IX. EL CASO DE VENEZUELA, O DE CÓMO EL JUEZ CONSTITUCIONAL DESCONOCIÓ EL PRINCIPIO PÉTREO A LA ALTERNABILIDAD REPUBLICANA (2009)

En Venezuela, como se ha dicho, desde 1811 se estableció el principio democrático republicano de la alternabilidad en el gobierno, a cuyo efecto, a través de toda la historia del país, en las Constituciones se estableció la prohibición de la reelección presidencial inmediata, lo cual sin embargo, tuvo escasas excepciones, que fueron insertadas en las Constituciones sancionadas en los gobiernos autoritarios, como fue el caso de la efímera Constitución de 1857; de las Constituciones de Juan Vicente Gómez de 1914, 1922, 1925, 1928, 1929 y 1931, y de la Constitución de Marcos Pérez Jiménez de 1953.[33]

---

[33] Véase Allan R. Brewer-Carías, *Las Constituciones de Venezuela*, 2 vols, Academia de Ciencias Políticas y Sociales, Caracas 2008. Véase igualmente, Allan R. Brewer-Carías, *Historia Constitucional de Venezuela*, 2 vols., Editorial Alfa, Caracas 2008.

La prohibición de la reelección inmediata, en cambio, respecto del presidente de la República, fue más amplia en el período democrático iniciado en 1958, habiéndose extendido en la Constitución de 1961 a los dos períodos siguientes (10 años).

La Constitución de 1999, por su parte, flexibilizó el principio de la alternabilidad, habiendo sido la única en la historia constitucional que permitió la posibilidad de reelección presidencial de inmediato aun cuando limitándola por una sola vez, para un nuevo período constitucional. En consecuencia, fue conforme a la Constitución que en 2006 se reeligió a Hugo Chávez para un segundo período; quien al año siguiente, en 2007, fue quien propuso reformar la Constitución, para eliminar de su texto el principio de la alternabilidad republicana y en cambio establecer el principio de la reelección indefinida, a los efectos de perpetuarse en el poder, como era su proyecto.[34]

Como se dijo, sin embargo, el principio de la alternabilidad del gobierno, desde el mismo inicio de la República fue establecido como un principio de carácter pétreo. La Constitución dice: «El gobierno es y será siempre alternativo» (art. 6), buscándose evitar el continuismo o a la permanencia en el poder por una misma persona; principio que solo podría ser modificado mediante el mecanismo de una Asamblea Nacional Constituyente. Dicho principio, por supuesto, no se puede confundir con el principio del gobierno «electivo» o el más general principio «democrático» que el mismo artículo 6 de la Constitución establece, pues una cosa es poder elegir a los gobernantes, y otra cosa es el principio de alternabilidad que impide poder escoger al mismo gobernante ilimitadamente.[35]

La Sala Constitucional del Tribunal Supremo, sin embargo, a comienzos de 2009, y luego de que el pueblo mediante referendo de diciembre de 2007 rechazara el proyecto de reforma constitucional que pretendía eliminar el principio de la alternabilidad republicana estableciendo la reelección indefinida del presidente de la República, para «facilitar» la posibilidad de reformar el principio mediante una «Enmienda constitucional» para eliminar la alternabilidad republicana; mediante sentencia No. 53 de 3 de febrero de 2009 procedió a «interpretar» el artículo 6 de la Constitución afirmando, en contra de su texto, que el principio de la alternabilidad «lo que exige es que el pueblo como titular de la soberanía tenga la posibilidad periódica de escoger sus mandatarios o representantes», confundiendo fraudulentamente «gobierno

---

[34]  Véase sobre la propuesta de reforma constitucional de 2007 los comentarios en Allan R. Brewer-Carías, *La reforma constitucional de 2007 (Comentarios al proyecto inconstitucionalmente sancionado por la Asamblea Nacional el 2 de noviembre de 2007)*, Colección Textos Legislativos, No.43, Editorial Jurídica Venezolana, Caracas 2007.

[35]  Véase sobre el principio de la alternabilidad republicana en Venezuela, en Allan R. Brewer-Carías, «El Juez Constitucional vs. la alternabilidad Republicana. (La reelección continua e indefinida)», en *Revista de Derecho Público*, N° 117, Editorial Jurídica Venezolana, Caracas 2009, pp. 205 ss.; y en Analitica.com, *2019*, en http://www.analitica.com/va/politica/opinion/6273405.asp

alternativo» con «gobierno electivo». Por ello, fue falso lo que afirmó la Sala Constitucional en la misma sentencia en relación con el principio de la alternabilidad, el sentido de que «sólo se infringiría el mismo si se impide esta posibilidad al evitar o no realizar las elecciones».

Con su sentencia, la Sala Constitucional lo que hizo fue mutar ilegítimamente el texto de la Constitución pues, al contrario de lo que afirmó, la eliminación de la causal de inelegibilidad para el ser electo para cargos públicos derivada de su ejercicio previo por parte de cualquier ciudadano, sí trastocaba el principio de alternabilidad en el ejercicio del poder.

Se insiste, lo argumentado por la Sala Constitucional se refirió al principio de gobierno «electivo» que en los términos del mismo artículo 6 de la Constitución, es el que implica que «el electorado, como actor fundamental del proceso democrático, acuda a procesos comiciales periódicamente en los que compitan, en igualdad de condiciones, las diversas opciones políticas que integran el cuerpo social;» pero no al principio de gobierno «alternativo» que implica que no se pueda elegir indefinidamente una misma persona para el mismo cargo, así haya hecho un «buen gobierno».

El principio de la alternabilidad, para evitar el continuismo en el poder, precisamente implica la limitación que el pueblo, como poder constituyente originario, se impuso a sí mismo, en cuanto a la «oportunidad de decidir entre recompensar a quienes estime como sus mejores gobernantes, o bien renovar completamente las estructuras del poder cuando su desempeño haya sido pobre». Esa «oportunidad» quedó reducida en la Constitución a la posibilidad de una sola relección de inmediato, por una sola vez para un período inmediato. Por tanto, establecer la reelección continúa como se pretendía con la reforma constitucional de 2007, sí alteraba el principio fundamental del gobierno «alternativo», que es distinto del principio del gobierno «electivo», necesitándose para su reforma, dada la formulación pétrea del artículo 6 de la Constitución (es y será siempre), no de alguna modificación constitucional por los procedimientos de Enmienda ni de Reforma Constitucional, sino solo mediante la convocatoria de una Asamblea Nacional Constituyente.

La Sala Constitucional, sin embargo, con su sentencia No. 53 de 03-02-2009, una vez más al servicio del autoritarismo,[36] lo que hizo fue mutar la Constitución a través de una interpretación, modificando ilegítimamente el sentido del principio del «gobierno alternativo» que el pueblo dispuso al aprobar mediante referendo la Constitución de 1999, que siempre debía regir sus gobiernos, y que el mismo pueblo ratificó en 2007 al rechazar, también mediante referendo, la reforma constitucional que pretendía introducir la reelección presidencial indefinida.

---

[36]  Véase Allan R. Brewer-Carías, «El Juez Constitucional al servicio del autoritarismo y la ilegítima mutación de la Constitución: el caso de la Sala Constitucional del Tribunal Supremo de Justicia de Venezuela (1999-2009)», en *Revista de Administración Pública*, No. 180, Madrid 2009, pp. 383-418.

La inconstitucional sentencia, en todo caso, lo que implicó fue que se despejara fraudulentamente el camino para que el régimen autoritario pudiera someter a referendo en el mismo año 2009, una Enmienda Constitucional para borrar del texto el principio pétreo de la prohibición de reelección indefinida, que conforme a la Constitución solo podía modificarse mediante la convocatoria a una Asamblea Nacional Constituyente. En definitiva, la Enmienda se aprobó, en fraude a la Constitución y a la voluntad popular, quedando totalmente eliminado en Venezuela el principio de la alternabilidad republicana.[37]

## X.  EL CASO DE NICARAGUA O DE CÓMO EL JUEZ CONSTITUCIONAL DECLARÓ «INCONSTITU-CIONAL» NORMAS DE LA CONSTITUCIÓN (2009)

Al contrario de lo que sucedió en República Dominicana en 2018, donde como hemos comentado, el Tribunal Constitucional se negó a conocer de una acción que pretendía se declarara inconstitucional una disposición que limitaba la reelección presidencial contenida en la propia Constitución, en Nicaragua, nueve años antes había ocurrido lo contrario.

En efecto, la Sala Constitucional de la Corte Suprema de Justicia, mediante sentencia de N° 504 del 19 de octubre de 2009,[38] a pesar de la prohibición constitucional expresa que prohibía la reelección, al decidir una acción de amparo constitucional que se había intentado contra una decisión del Consejo Supremo Electoral rechazando la presentación de diversas candidaturas por parte de ex funcionarios que buscaban precisamente la reelección prohibida en sus cargos, en la materia, resolvió para permitirla, proceder pura y simplemente a «reformar» o «mutar» la Constitución, declarando inconstitucional la norma constitucional que prohibía dicha reelección presidencial, y en consecuencia declarándola inaplicable.[39]

En efecto, el artículo 147.a de la Constitución entonces vigente en 2009 establecía que:

«No podrá ser candidato a presidente ni vicepresidente de la República: a) El que ejerciere o hubiere ejercido en propiedad la Presidencia de la

---

[37] Véase los comentarios a la Enmienda de 2009 en Allan R. Brewer-Carías, *Reforma constitucional y fraude a la Constitución (1999-2009)*, Academia de Ciencias Políticas y Sociales, Caracas 2009.

[38] Véase sobre el caso de Nicaragua: Iván Escobar Fornos, «Relaciones y tensiones de la Justicia Constitucional con los poderes del Estado: crisis permanente (Democracia, gobernabilidad y el Tribunal Constitucional)», en *Anuario Iberoamericano de Justicia Constitucional*, N° 15, Centro de Estudios Políticos y Constitucionales, Madrid 2011, pp. 67-137.

[39] Véase lo que expusimos en Allan R. Brewer-Carías, *La patología de la Justicia Constitucional*, Editorial Jurídica Venezolana, Caracas 2014, pp. 197-199; y en *Los jueces constitucionales. controlando el poder o controlados por el poder. Algunos casos notorios y recientes (Estados Unidos, Nicaragua, Bolivia, Paraguay, Reino Unido, Suráfrica, Venezuela, Honduras, República Dominicana, El Salvador, Colombia, Perú, Costa Rica, Chile, Brasil)*, Segunda edición corregida y aumentada, Colección Biblioteca de Derecho, Ediciones Olejnik, Buenos Aires, 2018.

República en cualquier tiempo del período en que se efectúa la elección para el período siguiente, ni el que la hubiere ejercido por dos períodos presidenciales».

Se trataba, como resulta del propio texto, de una prohibición constitucional clara y diáfana prohibiendo la reelección presidencial, que no podría ser cambiada o reformada sino mediante los mecanismos de reforma constitucional.

Sin embargo, no ocurrió así, habiendo sido en este caso, el Juez Constitucional el que decidió mutar la Constitución al conocer de un proceso que, además, estaba prohibido en la legislación.

En efecto, el caso que originó esta sentencia, se inició con la decisión adoptada por el Consejo Supremo Electoral de Nicaragua, de rechazar la petición que diversos candidatos en procesos electorales le habían formulado unos días antes de la sentencia, solicitando que se admitieran sus postulaciones para la reelección, argumentando, para ello, que el Consejo les debía aplicar el principio de igualdad a todos los funcionarios públicos en materia electoral, ignorando las previsiones constitucionales.

El Consejo Supremo Electoral, por supuesto, con base en la mencionada norma constitucional, rechazó las solicitudes que se le formularon, fundamentándose en todo caso en el argumento final de que el organismo carecía de competencia para resolver sobre tales materias.

Las decisiones del Consejo Supremo Electoral en Nicaragua, conforme a la legislación vigente son definitivas, y contra las mismas, de conformidad con el artículo 52.5 de la Ley de Amparo, no procede acción de amparo, por lo que al intentarse acciones de amparo contra las decisiones de rechazo de las solicitudes para reelección, la Sala Constitucional debió haberlas declarado inadmisibles.

Sin embargo, a pesar de esta restricción legal, la Sala Constitucional del Tribunal Supremo de Justicia entró a conocer de la acción de amparo propuesta, procediendo a decidir, en definitiva, que la referida norma constitucional que prohibía expresamente la reelección presidencial era «inaplicable», por considerarla violatoria del principio de la igualdad, con lo cual no sólo entro a juzgar la «inconstitucionalidad» de la Constitución, lo que es un despropósito, sino que decidió, en forma totalmente ilegítima, mutar la Constitución, eliminando así del texto fundamental la rígida prohibición constitucional establecida en relación con la reelección presidencial.[40]

Con posterioridad, la decisión de la Sala Constitucional fue ratificada por la Corte Plena de la Corte Suprema de Justicia, en sentencia del 30 de septiembre de 2010, con el objeto de darle efectos *erga omnes* a la decisión.

———————————

[40] Véase Sergio J. Cuarezma Terán and Francisco Enríquez Cabistán, *Nicaragua National Report*, XVIII International Congress of Comparative Law, Washington, July 2010, p. 43; Allan R. Brewer-Carías, *Constitutional Courts as Positive Legislators*, Cambridge University Press, New York 2011, p. 101.

En esta forma, como consecuencia de la sentencia de la Sala Constitucional del 19 de octubre de 2009 dictada sólo cuatro días después de que se habían presentado las postulaciones iniciales ante el Consejo Supremo Electoral, en Nicaragua se cambió la Constitución sin haberse seguido los procedimientos de revisión de la misma, permitiéndose en consecuencia la posibilidad de reelección presidencial del presidente Daniel Ortega.

Para ello, la Sala consideró que la norma del artículo 147.4.a y 147.b de la Constitución violaba el derecho a la igualdad, el derecho al sufragio y el derecho a la personalidad consagrados en los artículos, 27, 47, 48, 50 y 51 de la Constitución, entre otros, declarando en consecuencia que la norma era inconstitucional en la parte antes mencionada.[41]

La sentencia consideró en efecto, que el derecho a la igualdad podía considerarse violado porque el artículo 147 contenía una «interdicción electoral solo para el presidente» lo cual consideró la Sala que «representa un trato desigual, cuando como queda claro hay igualdad de condiciones...». Afirmó además la Sala Constitucional:

«que los principios constitucionales que informan nuestra Constitución Política en su Preámbulo y Parte Dogmática, prevalecen sobre el resto de Disposiciones Constitucionales que conforman nuestra Constitución Política...».

De seguidas, la Sala Constitucional, además de referirse a los «principios constitucionales» que informan los derechos fundamentales, hizo mención a:

«la Soberanía, al igual que la igualdad, la unidad centroamericana, la independencia, la autodeterminación, la paz social, el bien común, la libertad, la justicia, el respeto a la dignidad de la persona humana, el pluralismo político, social y étnico, la cooperación internacional, el respeto a la libre autodeterminación de los pueblos».

Con base en ello, la Sala Constitucional concluyó afirmando, sin mucha ilación, que los miembros del Consejo Supremo Electoral no podían:

---

[41]  Véase el comentario a la sentencia, el Dr. Iván Escobar Fornos, Magistrado de la Corte Suprema de Justicia de Nicaragua, quien indicó que: «Se ha considerado que ésta no es una interpretación [de la Constitución] como se pretende sino más bien una derogación de la prohibición de la reelección antes señalada». Véase Iván Escobar Fornos, «Relaciones y tensiones de la Justicia Constitucional con los poderes del Estado: crisis permanente (Democracia, gobernabilidad y el Tribunal Constitucional)» *ob. cit.*, pp. 67-137; y en Ensayo presentado por el autor ante la Mesa Redonda Jurídica Internacional organizada por la Fundación Alexandre Guzmán y el Instituto de Pesquisa de Relaciones Internacionales (del ITAMARATI, Brasil), Septiembre, 2010, p. 33; citado en el documento de presentado por Renaldy J. Gutiérrez, *Estado de Derecho, Misión de la Federación Interamericana de Abogados (Las Experiencias de Nicaragua y El Salvador), ¿Justicia Constitucional o Activismo Judicial?*, presentado en el Seminario de derecho comparado sobre separación de poderes del Estado y la «Political Questions Doctrine» en los Estados Unidos de América, organizado por Sala Constitucional de la Corte Suprema de Justicia en cooperación con Duquesne University (Pittsburh), San José, Costa Rica, 28 y 29 de marzo de 2012.

«negarse a cumplir con la voluntad del pueblo soberano, de elegir y ser elegido de manera directa como sus representantes a los ciudadanos que crean conveniente, aplicando de manera inescrutable [sic] los principios fundamentales de igualdad, libertad y soberanía, de no ser así ocurriría una muerte política para los recurrentes, violando también el derecho al reconocimiento de la personalidad y capacidad jurídica… y el reconocimiento de los derechos inherentes a la persona humana consignados en las Declaraciones Universales de Derechos Humanos…».

De ello concluyó la Sala afirmando que la decisión accionada en amparo, del Consejo Supremo Electoral del 16 de octubre de 2009, transgredía:

«los ya referidos principios constitucionales de los ciudadanos nicaragüenses, por lo cual resulta falta de motivación y congruencia, violando el derecho de petición y a obtener una resolución fundada en derecho; en consecuencia, debe ampararse a los recurrentes».

La consecuencia de todos estos argumentos fue entonces la decisión de la Sala Constitucional de «declarar la inaplicabilidad del Art. 147 de la Constitución, «únicamente en la parte relativa a la prohibición de la reelección presidencial», por existir «una antinomia constitucional con respecto a «los principios constitucionales antes referidos».

Es decir, la Sala Constitucional de la Corte Suprema en Nicaragua en una forma por demás bizarra, declaró la inconstitucionalidad de una norma constitucional, con lo cual mutó la Constitución, permitiendo así la reelección presidencial en dicho país en particular del presidente Daniel Ortega, que era el propósito buscado, lo que se materializó en las elecciones generales de noviembre de 2011, y luego, en las elecciones de 2016.[42]

## XI. EL CASO DE HONDURAS O DE CÓMO EL JUEZ CONSTITUCIONAL DESAPLICÓ LA CONSTITUCIÓN IGNORANDO LA EXISTENCIA DEL DERECHO COLECTIVO A LA ALTERNABILIDAD (2015)

En Honduras se siguió el ejemplo de Nicaragua, aun cuando después de antecedentes tortuosos y de previsiones constitucionales más severas.[43]

En efecto, la Constitución de Honduras, vigente en 2009, podía considerarse como uno de los pocos textos constitucionales latinoamericanos que establecía mecanismos relativamente sencillos para su reforma, excluyendo la intervención del pueblo en el procedimiento de reforma, permitiendo en su artículo 373 la adopción de las reformas constitucionales por el Congreso,

---

[42]   Véase los comentarios en Allan R. Brewer-Carías, *Los jueces constitucionales: controlando al poder o controlados por el poder Algunos casos recientes*, Editorial Jurídica Venezolana, Caracas 2017, pp. 406 ss.

[43]   Véase Allan R. Brewer-Carías, *Reforma Constitucional, Asamblea Constituyente, y control Judicial: Honduras (2009), Ecuador (2007) Y Venezuela (1999)*, Serie Derecho Administrativo No. 7, Universidad Externado de Colombia, Bogotá 2009.

como poder constituyente derivado, mediante el voto de los dos tercios de la totalidad de sus miembros; las cuales, además, debían ser ratificadas por la subsiguiente legislatura ordinaria, por igual número de votos.

Esta forma relativamente sencilla del procedimiento de reforma constitucional, sin embargo, puede decirse que tenía su contrapartida en la inclusión, en la misma Constitución, de una importante cláusula pétrea referida a diversos aspectos constitucionales sustantivos que no podían reformarse en la forma prevista en la misma.

En efecto, el artículo 374 de la Constitución disponía que no podían ser reformados mediante el mencionado procedimiento de reforma constitucional, «los artículos constitucionales que se refieren a la forma de gobierno, al territorio nacional, al período presidencial, a la prohibición para ser nuevamente presidente de la República, el ciudadano que lo haya desempeñado bajo cualquier título y referente a quienes no pueden ser presidente de la República por el período subsiguiente».[44]

La Constitución de Honduras, por otra parte, preveía expresamente la consecuencia de la violación de estas normas constitucionales, por ejemplo, en materia de limitación a la reelección presidencial (artículo 239 que disponía que «el ciudadano que haya desempeñado la titularidad del Poder Ejecutivo no podrá ser Presidente o Designado»), al disponer que «*El que quebrante esta disposición o proponga su reforma*, así como aquellos que *lo apoyen directa o indirectamente*, cesarán de inmediato en el desempeño de sus respectivos cargos, y quedarán inhabilitados por diez años para el ejercicio de toda función pública».

Además, el artículo 4 de la misma Constitución de Honduras, después de declarar que «la forma de gobierno es republicana, democrática y representativa» agregaba que «la alternabilidad en el ejercicio de la Presidencia de la República es obligatoria», disponiendo que «La infracción de esta norma constituye delito de traición a la Patria», llegando tan lejos como prever en su

---

[44] Una norma de este tipo, como se dijo, no es frecuente en América Latina, y quizás es sólo comparable con las previsiones de la Constitución de Guatemala donde también se establece en el artículo 281 de la Constitución que «en ningún caso podrán reformarse los artículos 140 (independencia del Estado y al sistema de gobierno), 141 (soberanía popular), 165, inciso g) (desconocimiento del mandato del Presidente después de vencido su período constitucional), 186 (prohibiciones para optar a cargos de Presidente y Vicepresidente) y 187 (prohibición de reelección), ni en forma alguna toda cuestión que se refiera a la forma republicana de gobierno, al principio de no reelección para el ejercicio de la Presidencia de la República, ni restársele efectividad o vigencia a los artículos que estatuyen alternabilidad en el ejercicio de la Presidencia de la República, así como tampoco dejárseles en suspenso o de cualquier otra manera de variar o modificar su contenido». Véase Allan R. Brewer-Carías, «Modelos de revisión constitucional en América Latina», en *Boletín de la Academia de Ciencias Políticas y Sociales*, enero-diciembre 2003, N° 141, Caracas 2004. pp. 115-156; y en Walter Carnota y Patricio Marianello (Directores), *Derechos Fundamentales, Derecho Constitucional y Procesal Constitucional*, Editorial San Marcos, Lima 2008, pp. 210-251.

artículo 42.5 como una de las causales de la pérdida de «la calidad de ciudadano», el hecho de «incitar, promover o apoyar el continuismo o la reelección del Presidente de la República».

Ese fue el contexto jurídico constitucional de la alternabilidad republicana concebida, al igual a como está en la Constitución de Venezuela, como principio pétreo, que el entonces presidente José Manuel Zelaya comenzó a plantear en 2009 la posibilidad de proceder a convocar una Asamblea Nacional Constituyente como mecanismo de reforma constitucional no previsto ni regulado en la Constitución (entre otros aspectos para incluir la reelección indefinida del Presidente de la República). Zelaya, en esa forma, sin duda, trató de seguir los pasos diseñados en el precedente que se había desarrollado en Venezuela en 1999, y que luego se siguió en Ecuador y Bolivia, basado en interpretaciones constitucionales tortuosas,[45-46] fundamentadas un supuesto principio de «nuevo constitucionalismo» que despreciaba la supremacía de la Constitución.[47]

El intento de reformar la Constitución mediante la dicha convocatoria de una Asamblea Nacional Constituyente fue, en definitiva, bloqueada por decisión del Juzgado de Letras de lo Contencioso Administrativo de Tegucigalpa,, el cual como tribunal contencioso administrativo asumió su función, y procedió a controlar la constitucionalidad y legalidad de las actuaciones del presidente de la República, llegando, mediante sentencia de 27 de mayo de 2009, a suspender los efectos de los actos ejecutivos dictados con tal propósito, en particular, el decreto ejecutivo N° PCM-05-2009 de 23 de marzo de 2009, en el cual se había ordenado realizar una «amplia consulta popular» para que la ciudadanía hondureña pudiera expresar libremente su acuerdo o no con « *la convocatoria a una Asamblea Nacional Constituyente que apruebe una nueva Constitución Política*». [48]

El día anterior a la sentencia, sin embargo, es decir, el 26 de mayo de 2009, el Presidente de la República en Consejo de Ministros emitió un «nuevo» Decreto Ejecutivo N° PCM-19-2009, que solo fue publicado un mes después (25 de Junio de 2009, N° 31.945), mediante el cual se decidió anular y dejar «sin ningún valor y efecto» el Decreto PCM-05-2009 que ordenaba la consulta popular, a partir de su emisión; y lugar de la misma, mediante un

---


[45] Véase Allan R. Brewer-Carías, *Golpe de Estado y proceso constituyente en Venezuela*, -Universidad nacional Autónoma de México, 2012.

[46] Véase Allan R. Brewer-Carías, «La configuración judicial del proceso constituyente o de cómo el guardián de la Constitución abrió el camino para su violación y para su propia extinción», en *Revista de Derecho Público*, N° 78-80, Editorial Jurídica Venezolana, Caracas 1999, pp. 55-73.

[47] Véase Allan R. Brewer-Carías, *El «nuevo constitucionalismo latinoamericano» y la destrucción del Estado democrático por el juez constitucional. El caso de Venezuela*, Colección Biblioteca de Derecho Constitucional, Ediciones Olejnik, Madrid, Buenos Aires, 2018.

[48] Véase en Allan R. Brewer-Carías, *Reforma Constitucional, Asamblea Constituyente, y control Judicial: Honduras (2009), Ecuador (2007) Y Venezuela (1999)*, Serie Derecho Administrativo No. 7, Universidad Externado de Colombia, Bogotá 2009.

nuevo Decreto N° PCM-20-2009 dictado el mismo día 26 de mayo de 2009, el Presidente dispuso que se realizase, no una consulta popular, sino «*una encuesta nacional de opinión*», en este caso para que el pueblo decidiera directamente «*la convocatoria a una Asamblea Nacional* Constituyente». [49]

El mismo día del anuncio presidencial del decreto N° PCM-27-2009, el 29 de mayo de 2009, los abogados del Ministerio Público que actuaban como parte demandante en el proceso contencioso administrativo, solicitaron aclaratoria de la sentencia interlocutoria de suspensión de efectos que se había dictado, y el Juez Titular, ante la evidente «reedición» del acto suspendido, mediante sentencia de 27 de mayo del 2009 acordó que la suspensión de efectos ya decidida, se extendía a cualquier otro acto administrativo «así como cualquier cambio de denominación en el procedimiento de consulta o interrogatorio, que implique evadir el cumplimiento de la sentencia interlocutoria que se aclara».

Contra las decisiones del Juzgado de Letras de lo Contenciosos Administrativo, el Presidente de la República en su condición de Titular del Poder Ejecutivo intentó una bizarra acción de amparo por ante la Corte de Apelaciones de lo Contencioso Administrativo en Tegucigalpa, la cual mediante sentencia de 16 de junio de 2009, consideró que siendo el proceso contencioso administrativo desarrollado ante el Juzgado de Letras, un proceso en el cual las partes eran el Ministerio Público como demandante, y el Estado de Honduras como demandado, la acción de amparo que pudiera intentarse contra las decisiones dictadas en el proceso sólo podían ser interpuestas por las partes interesadas en el mismo; de lo que concluyó resolviendo que:

> «siendo el demandado, el Estado de Honduras, resulta obvio que quien interpone el amparo [el presidente de la República] carece de legitimación para ejercer la presente acción, puesto que constitucionalmente el representante legal del Estado es la Procuraduría General de la República, quien no ha interpuesto recurso alguno y por ende ha consentido la sentencia y la aclaración recurrida».

El Juzgado contencioso administrativo cumplió con conminar en tres oportunidades al presidente de la República a cumplir con el fallo dictado, pero la respuesta del presidente fue desacatar las decisiones judiciales y anunciar que procedería con la encuesta convocada. Ello provocó la emisión de una nueva sentencia día 24 de junio de 2009, ordenando a las Fuerzas Armadas de Honduras, por medio del Jefe del Estado Mayor Conjunto, «el *inmediato decomiso* de toda la documentación y material necesario y relacionado con la encuesta de opinión que el Poder Ejecutivo, en *abierta violación a la orden emanada de este Juzgado*, pretende realizar el día domingo 28 de junio de dos mil nueve». El Jefe del Estado Mayor Conjunto de las Fuerzas Armadas, al acatar la decisión judicial, fue destituido de su cargo por el presidente de la República.

---

[49]   Idem.

Contra ello, dicho Jefe del Estado mayor y el Fiscal Especial para la Defensa de la Constitución, actuando a favor de *los intereses generales de la sociedad y del orden jurídico constitucional*, interpusieron sendos recursos de amparo contra la resolución presidencial mencionada por ante la Sala Constitucional de la Corte Suprema de Justicia (Registro Nos. 881 y 883-09), la cual luego de acumular los recursos, y el 25 de junio de 2009 decidió suspender de manera «provisional del acto reclamado», ordenando el «inmediato cumplimiento a lo ordenado» en la providencia que se ordenó comunicar al Presidente de la República.

Éste desacató públicamente y de nuevo las decisiones judiciales, lo que motivó que el Fiscal General de la República, «en representación de los más altos intereses generales de la Sociedad Hondureña», compareciera ante la Corte Suprema de Justicia, formulando requerimiento fiscal en contra del presidente de la República José Manuel Zelaya Rosales, a acusándolo como responsable, a título de autor, de los delitos contra la forma de gobierno, traición a la patria, abuso de autoridad y usurpación de funciones, en perjuicio de la administración pública y el Estado de Honduras; solicitando se librase contra él orden de captura, para que luego de que se le comunicasen los hechos que se le imputaban, se le recibiera su declaración de imputado, se le suspendiera en el ejercicio del cargo, y se autorizase allanamiento de morada. Solicitaron, además, que la Corte Suprema instruyera a las Fuerzas Armadas de Honduras a través del Jefe del Estado Mayor Conjunto, la facultad de hacer que se cumplieran los mandatos judiciales y procedieran hacer efectiva la orden de captura del acusado Presidente.

De allí en adelante la historia es conocida: El día 28 de junio de 2009, en efecto, la orden judicial no fue ejecutada tal como se ordenó por la Corte Suprema, y el presidente Zelaya después de haber sido detenido en su residencia durante la noche conforme a lo ordenado en la orden judicial, sin embargo, fue ilegalmente extrañado del país y un avión se lo trasladó a Costa Rica, esto último, indudablemente, en violación de lo previsto en los artículos 81 y 102 de la Constitución.[50]

Pero en el espíritu de la diatriba política que quedó de aquellos incidentes, el tema de la prohibición constitucional sobre la reelección presidencial quedó políticamente pendiente, de manera que seis años después volvió a plantearse, pero esta vez mediante acciones de inconstitucionalidad contra los artículos 239 y 42.5 de la Constitución, y contra el artículo 330 del Código Penal intentadas ante la Sala Constitucional del Tribunal Supremo de Justicia, por un grupo de diputados y un expresidente (Rafael Leonardo Callejas Romero), solicitando de la Sala que declarase la inconstitucionalidad e inaplicabilidad de dichas normas a los recurrentes, por considerar que las mismas violaban derechos y garantías constitucionales, entre ellas, la libertad

---

[50]   *Idem.*

de expresión, el debido proceso, el derecho a la igualdad, el derecho a ser electo y a la libre representación, a la libre participación en condiciones de igualdad en justas presidenciales garantizados en la Constitución, la Declaración Universal de Derechos Humanos, la Convención Americana sobre Derechos Humanos y el Pacto Internacional de Derechos Civiles y Políticos. No se mencionó, sin embargo, la muy importante Carta Democrática Interamericana la cal fue ignorada en el proceso.

Se trataba, de nuevo, del absurdo de pretender que un Juez Constitucional decidiera sobre la inconstitucionalidad de la propia Constitución, lo que efectivamente ocurrió.

La Sala Constitucional, en efecto, decidió las acciones propuestas mediante sentencia de 22 de abril de 2015,[51] para lo cual comenzó por declarar su propia competencia para «resolver sobre las acciones contra la constitucionalidad de la norma fundamental, en caso de colisionar esta con otra de igual rango y contenido esencial», pudiendo «derogar» dicha norma; así como sobre las acciones de inconstitucionalidad que se intenten contra las leyes como el Código Penal.

En cuanto a la primera de estas «competencias» la Sala consideró que si bien no tenía competencia para reformar la Constitución, partiendo de la supuesta existencia de un ´bloque de constitucionalidad y de convencionalidad», estimó que en el caso planteado, «aun tratándose de normas originarias», era supuestamente evidente «la colisión entre derechos fundamentales inherentes a la persona humana también contenidos en la propia Constitución, y la infracción de principios y normas internacionales de derechos humanos, por lo que las normas impugnadas pierden su aplicabilidad, evidenciando a contradicción entre principios constitucionales disímiles o entre principios constitucionales y normas también constitucionales». Ello, a juicio de la Sala, obligaba a Juez Constitucional a interpretar la Constitución y a «escoger una interpretación sobre otra e incluso a aplicar una norma sobre otra o a desaplicar alguna» lo que no implicaba, -dijo- desligarse de la norma sino escoger y aplicar la que corresponde. Para ello, en todo caso, la Sala solo consideró los derechos políticos individuales a elegir y a ser electo, pero ignoró totalmente toda consideración sobre el derecho político colectivo a la democracia y a la alternabilidad republicana, que sin duda inspiraba la norma pétrea de la Constitución que se impugnó.

La Sala, en efecto resolvió, que la misma, en el caso:

---

[51] Véase en http://www.poderjudicial.gob.hn/Documents/FalloSCONS23042015.pdf Véase por ejemplo, los comentarios de Alvaro Albornoz, «Análisis de la sentencia de la Sala de lo Constitucional de Honduras que elimina artículos constitucionales pétreos y establece la reelección presidencial indefinida», en *Eléutera*, 1 de mmayo de 2009, en http://www.eleutera.org/analisis-del-fallo-que-elimina-articulos-constitucionales-petreos-y-establece-la-reeleccion-presidencial-indefinida/

«Ha debido escoger entre varias normas la libertad de expresión, los derechos políticos y la libertad de creencias o conciencia frente a la norma que permite la reelección; haciéndolo así, porque todos ellos tienen el mismo rango y vigencias constitucionales; y como consecuencia procede la inaplicabilidad de las normas contenidas en los artículos 42, numeral 5 y 239 de la Constitución, por cuanto restringen derechos y garantías de igual rango constitucional, existiendo incompatibilidad con otros derechos fundamentales estipulados en la misma Constitución y en los tratados, convenciones y pactos internacionales sobre derechos manos suscritos y ratificados por el Estado hondureño, como ha quedado plenamente motivado».

La consecuencia de ello fue entonces la declaración por la Sala Constitucional de la inconstitucionalidad de las previsiones de los artículos 239 y 42.5 de la Constitución, declarándolos inaplicables, extendiendo su decisión a declarar igualmente inaplicables los artículos 4 (último párrafo) y 374 de la misma Constitución sobre la restricción a la reelección presidencial.

En cuanto al artículo 330 del Código Penal, la Sala Constitucional declaró su inconstitucionalidad por los mismos argumentos, afirmando que no solo estaba viciado por contener una sanción penal desproporcionada y contraria a la razonabilidad, sin «contraviene la libertad de expresión» garantizada en la Constitución y en la Declaración Universal de los Derechos Humanos, la Convención Americana sobre Derechos Humanos y el Pacto Internacional de Derechos Civiles y Políticos.

Así, a la Sala Constitucional de la Corte Suprema de Justicia de Honduras, se limitó a ponderar entre derechos políticos individuales a elegir y ser electo, sin tomar en cuenta el derecho político colectivo que debe prevalecer sobre ambos, como es el derecho del pueblo a la alternabilidad republicana en el gobierno, el cual justifica las limitaciones a la reelección; procediendo por la vía de conocer de una absurda «acción de inconstitucionalidad contra normas constitucionales», a reformar inconstitucionalmente la Constitución, para permitir la reelección presidencial.

Como se resumió en el diario *El País* en 2017:

«Las ambiciones de reelección que al expresidente Manuel Zelaya le costaron el cargo en Honduras, expulsado por un golpe de Estado en 2009, las repite casi sin oposición ni escándalo internacional el actual mandatario, Juan Orlando Hernández. Con el camino despejado por la Sala Constitucional, la cual controla, el Tribunal Electoral aprobó en diciembre su candidatura para un segundo mandato».[52]

---

[52]    Véase el reportaje de Carlos Salinas, «El presidente de Honduras busca una polémica reelección. El Tribunal Electoral aprobó en diciembre la candidatura de Hernández para un segundo mandato», en El País, 8 de febrero de 2017, en https://elpais.com/internacional/2017/02/07/america/1486507036_256528.html

## XII. EL CASO DE BOLIVIA Y EL SUPUESTO «DERECHO HUMANO A LA REELECCIÓN» PRESIDENCIAL DECREADO POR EL TRIBUNAL CONSTITUCIONAL PLURINACIONAL (2015)

El mismo tema de la reelección presidencial se planteó en Bolivia, donde el presidente Evo Morales pretendió, en 2015, mediante referendo, introducir el principio de la reelección indefinida para perpetuarse en el poder y eliminar la restricción que establecía la Constitución que limitaba el ejercicio de cargos electivos a solo dos períodos, pretensión que fue rechazada por el pueblo mediante referéndum.[53]

Ante el rechazo popular de la pretensión presidencial, de nuevo, Tribunal Constitucional Plurinacional salió presto a resolver la pretensión de Morales, y en la misma orientación de lo decidido por la Sala Constitucional de la Corte Suprema de Honduras, procedió a desarrollar un absurdo proceso, declarando inconstitucionales las normas de la propia Constitución, e ignorando el derecho del pueblo a la democracia, y a la alternabilidad republicana. Ello lo hizo mediante sentencia No. 84 dictada el 28 de noviembre de 2017, decidiendo el derecho de una sola persona a ser reelecto cuantas veces quisiera tenía prevalencia frente el derecho de todo un pueblo a la alternabilidad republicana, no solo inserto en la Constitución, sino expresado formalmente por el pueblo en el referendo mencionado.[54]

El proceso constitucional que se siguió ante el Tribunal Constitucional Plurinacional, en efecto, se inició mediante una «acción de inconstitucionalidad abstracta» interpuesta por un grupo de diputados a la Asamblea Legislativa Plurinacional; quienes demandaron:

*Primero*, la inconstitucionalidad de los artículos de la Ley de Régimen Electoral (Ley 026 de 30 de julio de 2010), en los cuales, *siguiendo lo pautado en la Constitución,* se dispone que el Presidente, Vicepresidente (art. 52), los Gobernadores (art. 64), los Asambleístas Departamentales (art. 65), los Alcaldes (art. 71), y los Concejales (art. 72), «podrán ser reelectas o reelectos de manera continua por una sola vez», alegando que los mismos supuestamente eran contrarios a los artículos 26 y 28 de la Constitución Política del Estado en

---

[53] Véase la reseña «Bolivia dice «No» en referendo a otra reelección de Evo Morales», en *BBCMundo*, 24 de febrero de 2016, en http://www.bbc.com/mundo/noticias/2016/02/160223_bolivia_evo_morales_referendo_resultado_ep

[54] Véase Allan R. Brewer-Carías, «Las nuevas «monarquías hereditarias» latinoamericanas, la democracia como disfraz y la reelección indefinida de los gobernantes. El caso de la sentencia 084 del Tribunal Constitucional Plurinacional de Bolivia de 28 de noviembre de 2017, 2 diciembre de 2017, en http://allanbrewercarias.net/site/wp-content/uploads/2017/12/180.-Brewer.doc-Sentencia-No.-84-Bolivia-y-las-nuevas-monarquias.pdf. Véase además, Roberto Viciano Pastor y Gabriel Moreno González, «Cuando los jueces declaran inconstitucional la Constitución: la reelección presidencial en América Latina a la luz de las últimas decisiones de las cortes constitucionales», en *Anuario Iberoamericano de Derecho Constitucional*, Centro de Estudios Políticos y Constitucionales, No 22, Madrid 2018, pp. 165-, en https://doi.org/10.18042/cepc/aijc.22.06

concordancia con los artículos 13, 256 y 410.11 de dicha Norma Suprema; y de los artículos 1.1, 23, 24 y 29 de la Convención Americana sobre Derechos Humanos (CADH)); artículos que en definitiva lo que establecen es el derecho a ser electo, sin discriminaciones. Se ignoró, sin embargo, en esta enumeración de instrumentos internacionales, lo dispuesto en la Carta Democrática Interamericana sobre el derecho a la democracia.

El argumento formulado ante el Tribunal, en todo caso, era falaz, pues los artículos mencionados de la Ley de Régimen Electoral que establecen la limitación de la reelección solo por una sola vez, son copia fiel y exacta de lo que dispone la Constitución en sus artículos 156,168, 285.11 y 288, por lo que no podían ser inconstitucionales, pues primero habría que demandar la «inconstitucionalidad de la Constitución», que es lo que veladamente quisieron hacer al formular su segundo petitorio.

Por ello, *segundo*, los demandantes no solicitaron de entrada la declaratoria de inconstitucionalidad de dichos artículos 156,168, 285.11 y 288 de la Constitución, que eran los que establecían la limitación democrática de que los titulares de cargos electivos no podían ser reelectos de manera continua sino una sola vez, sino que lo que solicitaron del Tribunal junto con una acción de inconstitucionalidad de artículos de una Ley, fue como en el caso de Honduras, antes analizado, que se declarara «la inaplicabilidad de los arts. 156,168, 285.11 y 288 de la CPE respecto a la limitación de la reelección por una sola vez de manera continua» por considerar que con ello existiría una «contradicción intra-constitucional de los arts. 26 y 28 de la misma Norma Suprema y por contradecir convencionalmente los arts. 1.1, 23, 24 y 29 de la citada CADH, concordante con los arts. 13, 133, 256 y 410.11 de la CPE», es decir, por supuestamente ser contrarias al derecho al sufragio pasivo, previsto en dichas normas.

Sin embargo, *tercero*, después de esa solicitud de «inaplicabilidad» de las normas constitucionales, los solicitantes terminaron demandando al Tribunal que declarara «la inconstitucionalidad» de las mismas normas contenidas en los artículos 156, 168, 285, y 288 de la Constitución que limitan la reelección «de manera continua por una sola vez».

Los motivos de la acción, como se indicó, básicamente fueron los siguientes:

1. Que la Constitución incorpora a los Tratados y Convenios internacionales en materia de derechos humanos y normas de derecho comunitario en el bloque de la Constitucionalidad (art. 411.11), cediendo en el artículo 256.1 su jerarquía a favor de ellos, al indicar que dichos Tratados y Convenios internacionales cuando declaren derechos más favorables a los contenidos en la Constitución, se aplicarán de manera preferente sobre ésta.

2. La Constitución agrega además en sus artículos 13.IV y 256, que los derechos y deberes consagrados en la misma se deben interpretar de conformidad con los tratados internacionales de derechos humanos ratificados por Bolivia, cuando éstos prevean normas más favorables.

3. La Convención Americana sobre Derechos Humanos de 22 de noviembre de 1969, aprobada y ratificada por Bolivia mediante Ley 1430 de 11 de febrero de 1993, dispone en su artículo 23 que los derechos políticos contenidos en su texto, no pueden ser reglamentados sino «exclusivamente» por razones de edad, nacionalidad, residencia, idioma, instrucción, capacidad civil o mental, o condena por juez competente, en proceso penal, criterios que los impugnantes consideraron que constituyen '*numerus clausus*'.

4. Que la Constitución por una parte reconoce los derechos políticos de los ciudadanos, entre ellos el de ser electos (arts. 26, 28), y por la otra, como una «paradoja», limita el ejercicio de dicho derecho al establecer que los electos a cargos electivos, solo pueden ser reelectos por una sola vez de manera continua (lo que repite la Ley de Régimen Electoral), limitación que no está establecida en la Convención Americana sobre Derechos Humanos.

5. Que de ello resulta que la Convención «claramente enuncia derechos más amplios e irrestrictos, por lo que el Tribunal Constitucional Plurinacional debe efectuar una interpretación conforme a los arts. 13, 256 y 410.11 y de la CPE; y, 1.1, 23, 24 y 29 de la CADH», particularmente de acuerdo al art. 256 de la Constitución, que obliga al Estado a aplicar los tratados e instrumentos internacionales, de manera preferente a la Constitución.

6. Que como consecuencia, el Tribunal en este caso, debería aplicar de forma preferente los artículos 26 de la Constitución; y, 1.1, 23, 24 y 29 de la Convención Americana, «por encima» de los arts. 156, 168 y 285.11 y 288 de la Constitución, «debido a que vulneran derechos fundamentales dentro del ordenamiento jurídico boliviano y derechos humanos en el ámbito del derecho internacional», resultando de todo ello que al «contradecirse con otras normas constitucionales», «no sólo son inconstitucionales, sino también inconvencionales, pues lesionan y niegan mejores derechos políticos contenidos en el «Pacto de San José de Costa Rica».

7. Que por todo ello, además, los artículos 156, 168, 285.11 y 288 de la Constitución según los impugnantes «se contraponen» con otros artículos 26, 28, 256 y 410.11 de la propia Constitución al restringir el goce del derecho a ser electo como derecho político y reconocido además en la Convención Americana (arts. 1.1, 23, 24 y 29); vulnerando de manera «inconstitucional e inconvencional» derechos humanos más favorables, constitucionalizando disposiciones completamente discriminatorias para el goce efectivo de los derechos humanos, poniendo límite sin justificación alguna al goce de los derechos políticos para que todos los ciudadanos puedan ser reelectos como autoridades de representación popular, mientras el soberano así lo desee;» pues «quien elige es el soberano a través del voto, en consecuencia no se puede limitar la 'participación' y posibilidad de ser electo.

8. Que, al establecerse la restricción en la Constitución, «el Estado boliviano incumplió compromisos al disponer constitucionalmente normas que deniegan el ejercicio de derechos», de lo que resulta que «los artículos de la

Norma Suprema señalados, al establecer la limitación de la reelección por una sola vez de manera continua, restringen derechos humanos, como son los derechos políticos y al confrontarse con los arts. 1.1, 23, 24 y 29 de la CADH se constituyen en inconvencionales».

De todo lo anterior, según lo resumió el Tribunal Constitucional, los accionantes demandaron la inconstitucionalidad de las previsiones de los artículos 52, 64, 65, 71, 72, dela Ley del Régimen Electoral en las que se dispone conforme lo prevén los artículos 156, 168, y 285 de la Constitución, que los electos en cargos electivos solo «podrán ser reelectas o reelectos de manera continua por una sola vez;» por «ser presuntamente contrarios a los artículos 26 y 28 de la Constitución, concordantes con los artículos 13, 256 y 410.11 de la misma Constitución y los arts. 1.1, 23, 24 y 29 de la Convención Americana; y además demandaron «la inaplicabilidad de los mencionados artículos 156, 168, 285.11 y 288 de la CPE, respecto a la limitación de reelección por una sola vez de manera continua, alegando la misma contrariedad con las normas mencionadas.

A los efectos de decidir, el Tribunal reafirmó su competencia para para velar por la supremacía de la Constitución Política y ejercer «el control «normativo de constitucionalidad», en particular, al conocer de las acciones de inconstitucionalidad, que «son de puro derecho y tienen por objeto *declarar la inconstitucionalidad de toda norma jurídica incluida en una Ley, decreto o cualquier género de resolución no judicial* que sea contraria a la Constitución Política del Estado», a instancia de las autoridades públicas señaladas en el artículos 73 y 74 del Código Procesal Constitucional, entre quienes están los miembros de la Asamblea Legislativa Plurinacional.

Dicho control de constitucionalidad, como lo insistió el Tribunal es para verificar «*la compatibilidad o incompatibilidad de las disposiciones legales impugnadas con las normas de la Constitución Política del Estado*», reconociéndose como parte del llamado bloque de constitucionalidad a los Tratados Internacionales de derechos humanos, «como normas de rango constitucional», lo que «no solo implica su reconocimiento de su jerarquía constitucional», sino su «aplicación preferente cuando garanticen de mejor manera la vigencia de los derechos humanos» (art. 256 Constitución); y además, de acuerdo con los artículos 13.IV y 256 de la Constitución), su interpretación de acuerdo a lo que determinen los tratados internacionales que en materia de derechos humanos hayan sido ratificados por Bolivia.

Pero además, con base en lo anterior, el Tribunal Constitucional se refirió al control de convencionalidad que le corresponde conforme a la Convención Americana, incluso «respecto de la mismísima Constitución Política del Estado, así como de las leyes, decretos, reglamentos y demás resoluciones», en relación con la misma; de manera que si de dicha «contrastación se advierte la existencia de incompatibilidad entre las normas de la Constitución y demás disposiciones infraconstitucionales con los términos de dicha Convención, corresponde igualmente la aplicación preferente de una norma favorable sobre otra;» *control de convencionalidad que el Tribunal Constitucional Plurinacional boliviano además, «debe efectuar «no como una potestad, sino como un deber» dentro la acción de inconstitucionalidad abstracta» de la cual esté conociendo.*[55]

*Con base en lo anterior, y a lo establecido en el artículo 256.1 de la Constitución, fue que entonces el Tribunal Constitucional ignorando la existencia de la Carta Democrática Interamericana y de las previsiones sobre el derecho a la democracia en ella establecidas, procedió a considerar que* un tratado en materia de derechos humanos que declara derechos más favorables a los contenidos en la Constitución, «debe ser aplicado con preferencia a ésta», considerando que con ello estaba habilitado:

«a examinar el fondo de la pretensión planteada y verificar si los arts. 156, 168, 285.11 y 288 de la CPE restringen los derechos establecidos en el art. 23 del «Pacto de San José de Costa Rica», ratificado por Bolivia a través de la Ley 1430 de 11 de febrero de 1993».

Después de analizar el régimen de los derecho políticos en la Constitución de Bolivia, conforme a la jurisprudencia del propio Tribunal, en particular ´»la facultad que tiene toda persona, sin distinción alguna, de elegir y ser elegido; y, como resultado del proceso eleccionario, acceder a ejercer la función pública por decisión popular de los votantes;» y las previsiones de la Convención Americana de Derechos Humanos en la materia, el Tribunal recordó lo expresado en una sentencia de 2012 (SCP 0112/2012 de 27 de abril), sobre las eventuales «antinomias» o «contradicciones» entre normas del Texto Constitucional como una suerte de preceptos «constitucionales inconstitucionales», respecto de las cuales el Tribunal decidió que le correspondía al mismo resolverlas «invariablemente a favor de las *normas constitucionales-principios,* dada la primacía interpretativa absoluta de los principios sobre las demás normas de la Constitución».

La colisión entre preceptos constitucionales, a juicio del Tribunal, ponía en evidencia «la existencia de diferentes clases de normas dentro de la Constitución y la distinta gradación jerárquica y validez que tienen cada una de ellas», lo que obligaba al Juez Constitucional a determinar cuál es la norma que puede considerarse de rango superior y cuál era la que debía considerarse como «inconstitucional al interior de la propia Constitución». Ello lo consideró el Tribunal Constitucional como una competencia propia o «facultad extendida», para poder realizar:

«el control de constitucionalidad de las propias normas constitucionales, cuidando que en todo su entramado, no existan normas disonantes

---

[55]  Como lo expresaron *Roberto Viciano Pastor y Gabriel Moreno González,* en este caso, de lo que se trató fue «del control de convencionalidad utilizado torticeramente por el Tribunal Constitucional de Bolivia», en «Roberto Viciano Pastor y Gabriel Moreno González, «Cuando los jueces declaran inconstitucional la Constitución: la reelección presidencial en América Latina a la luz de las últimas decisiones de las cortes constitucionales», en *Anuario Iberoamericano de Derecho Constitucional,* Centro de Estudios Políticos y Constitucionales, No 22, Madrid 2018, pp. 165-, en  https://doi.org/10.18042/cepc/aijc.22.06

con los valores supremos, principios fundamentales derechos y garantías que consagra el orden constitucional, garantizando armonía y coherencia en sus términos».

Para ejercer su competencia en esta materia, el Tribunal entonces estableció una delicadísima distinción entre *normas constitucionales principios* y *normas constitucionales reglas*, considerando precisamente que las primeras prevalecen sobre las segundas; pudiendo en definitiva ejercer el control de constitucionalidad sobre las últimas en relación con las primeras.

Y así fue como procedió en este caso cuando analizó las normas de la Constitución que establecen las restricciones democráticas para la reelección de los cargos electivos, solo por una vez consecutiva, afirmando de entrada sin mayor argumentación que:

«los arts. 156, 168, 285 y 288 de la CPE, al establecer simple y llanamente el tiempo de mandato que rige para cada una de las autoridades que regulan sus preceptos y determinar la posibilidad de que pueden ser reelectas o reelectos por una sola vez de manera continua; no cabe duda de que se constituyen en ***normas constitucionales-reglas***».

Es decir, el Tribunal, para determinar la *norma constitucional-principios*, en este caso, solo atendió al derecho político individual de los ciudadanos a ser electos y a ejercer cargos electivos, conforme se regula en los artículos 26, 28 y 144.11 de la Constitución, los que sin duda «constituyen un elemento preponderante para el fortalecimiento y la realización del principio democrático», y que:

«implica la posibilidad de presentarse como una opción para participar en la vida política estatal, desempeñando los cargos o funciones de carácter público; y, el derecho a participar en el poder público o ejercer la función pública, lo que significa que la persona previo cumplimiento de los requisitos previstos por el ordenamiento jurídico sea admitida para participar activamente en los cargos públicos, en plena igualdad de condiciones entre varones y mujeres».

De ello, el Tribunal Constitucional dedujo, que no cabía duda en que el artículo 26 de la Constitución:

«al consagrar derechos fundamentales y establecer principios constitucionales vinculados a la participación política y al ejercicio democrático, se constituye en una ***norma constitucional-principio***, puesto que resguarda los principios democráticos y de soberanía popular, los cuales se materializan en la conformación de los órganos de poder a través del voto, dejando que sea el soberano quien en última instancia decida a través del sufragio quiénes serán sus gobernantes».

Sin embargo, el Tribunal Constitucional ignoró otras previsiones de la Constitución que también consagran *normas constitucionales principio* derivadas del *principio democrático*, y en particular, del derecho del pueblo en su conjunto a la democracia, como derecho colectivo, y a su funcionamiento plural y alternativo, incluso en el marco de instrumentos internacionales que el Tribunal ignoró completamente, de los cuales forma parte Bolivia, como la Carta Democrática Interamericana.

Bajo el ángulo miope que guio el razonamiento del Tribunal, el mismo, al analizar el contenido de los artículos 156, 168, 285.11 y 288 de la Constitución, no entendió el significado democrático del principio de la alternabilidad republicana que reflejado en dichas normas, que debían considerarse como *normas constitucionales principio,* establecían la restricción a la reelección de los electos en cargos electicos, y evitar el entronizamiento antidemocrático de los gobernantes en el poder; y, al contrario procedió a considerar, no la regulación de aspecto sustancial de la alternabilidad democrática en dichas normas, sino que las mismas lo que regulaban eran «aspectos bien puntuales», como el período de los mandatos y la reelección limitada a una sola vez de manera continua; considerando erradamente entonces que las previsiones solo contenían

> «regulaciones precisas y específicas, vinculadas con cuestiones de carácter fáctico, como ser el periodo de mandato de determinadas autoridades del Estado, la posibilidad de su reelección y el número de veces que es posible hacerlo, reglas que como rasgo característico pueden ser aplicadas por vía de subsunción, a diferencia de los principios que lo son aplicados a través de ponderación, por lo que es posible afirmar que los indicados artículos de la Norma Suprema, se constituyen en *normas constitucionales-regla*».

No entendió el Tribunal Constitucional el sentido de *norma constitucional-principio* que tienen las previsiones constitucionales que limitan la reelección de los funcionarios electos, como garantía del principio democrático que, conforme a los principios de la Carta Democrática Interamericana, es mucho más que la sola elección de gobernantes.

Por ello, la miopía del Tribunal en considerar las importantes previsiones de los artículos 156, 168, 285.11 y 288 de la Constitución de Bolivia, como simples *normas constitucionales-reglas* al consagrar las limitaciones a la reelección «por una sola vez de manera continua», cuando se trataba en realidad de *normas constitucionales-principios* derivadas del principio democrático de la alternabilidad republicana, llevó erradamente al Tribunal Constitucional a considerar con toda simpleza, que dichas normas supuestamente contradecían o se oponían a lo que establecen los artículos 26 y 28 de la misma Constitución, que fueron consideradas como las únicas *normas constitucionales-principios.* En realidad, el Tribunal Constitucional no entendió o no quiso entender que la limitación o restricción impuesta en el goce y ejercicio de los derechos políticos a ser electo y ejercer funciones públicas respecto de la reelección, no es otra cosa que una consecuencia de la necesidad de preservación del principio democrático mediante la garantía de la alternabilidad republicana evitando que los gobernantes se puedan perpetuar en el poder.

En consecuencia, en realidad no había ninguna contradicción o antinomia entre los artículos 156, 168, 285.11 y 288 de la Constitución, que *no eran normas constitucionales-reglas* sino *normas constitucionales-principios,* tanto como son las de los artículos 26 y 28 de la misma, y éstas, pues contra lo que dijo el Tribunal, «en la parte de aquéllas que limitan la reelección a una sola vez de manera continua de las autoridades», precisamente contenían *normas constitucionales-principios,* razón por la cual no fue más que un error inexcusable, o un olvido, haber resuelto la supuesta «antinomia» en favor «de las *normas constitucionales-principios* que establecen el derecho individual a ser electo, determinando su aplicación preferente frente a las supuestas *normas constitucionales reglas* que en realidad no eran tales sino *normas constitucionales-principios* garantes del principio democrático de la alternabilidad.

Por otra parte, el supuesto control de convencionalidad ejercido por el Tribunal Constitucional respecto de las propias normas constitucionales de la Constitución de Bolivia, con base en lo dispuesto en el artículo 23 de la Convención Americana en relación con las restricciones al derecho pasivo al sufragio, es decir, el derecho a ser electo y a ocupar cargos públicos, fue errado en cuanto a la previsión de que el ejercicio de dicho derecho, solo puede «ser reglamentado por la Ley *exclusivamente* por razones de edad, nacionalidad, residencia, idioma, instrucción, capacidad civil o mental, o condena, por juez competente, en proceso penal», que la Comisión Interamericana de Derechos Humanos, ha considerado como «*limitaciones numerus clausus*».

*De entrada, hay que observar que la limitación a la restricción a los derechos que regula la Convención solo se refiere a las que puedan reglamentarse mediante Ley, y la propia Corte Interamericana ha precisado que por Ley ha de entenderse el acto que emana del cuerpo legislativo electo popularmente. La Convención no se refiere a las restricciones que puedan estar establecidas en la Constitución misma de los Estados, como serían, por ejemplo, las derivadas del régimen de limitaciones a la reelección para la preservación del principio democrático y asegurar la alternancia democrática.*

Y en el caso de Bolivia, es claro que las previsiones sobre la limitación a la reelección solo por una vez y en forma continua, no tienen su fuente en la ley sino en la Constitución y si están previstas en la Ley de Régimen Electoral es solo porque con la misma se está ejecutando lo que prevé la Constitución.

Fue falsa, por tanto, la afirmación del Tribunal Constitucional de que conforme a la Convención Americana «ninguna norma de derecho interno de los Estados Parte, podría ampliar las restricciones a estos derechos, estableciendo otras causales diferentes a las expresamente señaladas en la Convención Americana sobre Derechos Humanos». No es cierta la afirmación, pues la Convención es clara en establecer que la limitación a la restricción a los derechos políticos solo está dirigida a las reglamentaciones legales y no a las previstas en la Constitución,[56] y menos a aquellas que tienen por propósito preservar el principio democrático y cuidar a los Estados de los gobernantes que se perpetúan en el poder y escogen a sus propios sucesores, y que son limitaciones constitucionales que derivan precisamente de la preservación «de la forma democrática representativa de gobierno».

Por tanto, como bien lo expresó el mismo Tribunal, la Convención lo único que estableció fueron unas «causales por las que se autoriza al *legislador* a reglamentar el ejercicio de los derechos políticos, estableciendo restricciones y limitaciones», lo que implica que en el caso de «la prohibición de ser reelecto y/o el número de veces en que ello sería posible», no podría establecerse por el Legislador exclusivamente. En cambio, si la restricción es establecida por el Constituyente en el texto de la Constitución, la restricción convencional no se aplica. Por ello las «tres condiciones necesarias desarrolladas por la Comisión» para el establecimiento de las restricciones al ejercicio del derecho a ser electo, que son que debe: «1) ser prescrita por la ley; 2) ser necesaria para la seguridad de todos y guardar relación con las demandas justas de una sociedad democrática; 3) su aplicación se ciña estrictamente a las circunstancias específicas enunciadas en el artículo 32.2, y ser proporcional y razonable a fin de lograr esos objetivos».

O como lo ha expresado la Comisión Interamericana en criterio que cita el Tribunal Constitucional: «la *restricción debe encontrase prevista en una ley, no ser discriminatoria, basarse en criterios razonables, atender a un propósito útil y oportuno que la torne necesaria para satisfacer un interés público imperativo, y ser proporcional a ese objetivo».*

Es falso, por tanto, que el artículo 23 de la Convención Americana «en relación a los arts. 156, 168, 285.11 y 288 de la Constitución *declare derechos más favorables», al no restringir directamente la reelección de quienes hayan sido electos para cuerpos representativos; así como es falso que dichos artículos constitucionales al restringir la reelección* «por una sola vez de manera continua» (arts. 156 y 168) o «de manera continua por una sola vez» (arts. 285 y 288), establezcan restricción o limitación que mermen o disminuyan el derecho individual a ser electo, que debe ceder al derecho del pueblo a la democracia y al principio alternativo del gobierno. Dichas normas, en efecto, «anulan toda posibilidad de ejercicio del derecho a la participación política y a ser elegido en elecciones periódicas y auténticas que proclama la Convención» a quienes ya han sido electos y busquen la reelección para más de un período constitucional, pero para preservar el principio democrático que es un

---

[56] Sobre el sentido de la regulación del derecho a ser electo en la Convención Americana véase lo que hemos expuesto en Allan R. Brewer-Carías, «El derecho político de los ciudadanos a ser electos para cargos de representación popular y el alcance de su exclusión judicial en un régimen democrático (O de cómo la Contraloría General de la República de Venezuela incurre en inconstitucionalidad e inconvencionalidad al imponer sanciones administrativas de inhabilitación política a los ciudadanos), en *Revista Elementos de Juicio*, Año V, Tomo 17, Bogotá 2012, pp. 65-104

valor superior conforme a lo que se establece en la Constitución y no en una Ley aislada, sin sustento constitucional.

Por tanto, erró el Tribunal Constitucional al pretender ejercer un «control de convencionalidad» declarando:

«la aplicación preferente de la norma convencional indicada por sobre los señalados artículos de la Constitución Política del Estado, en la parte de su texto que limitan la reelección de las y los asambleístas del Órgano Legislativo, de la Presidenta o Presidente y de la Vicepresidenta y Vicepresidente del Estado, de las máximas autoridades ejecutivas de los gobiernos autónomos y de los integrantes de los Concejos y Asambleas de dichos Gobiernos, «a una sola vez de manera continua», en estricta observancia del mandato contenido en el art. 256.1 de la CPE».

Ello, por lo demás, no implica ningún «trato discriminatorio» como en cambio sí ocurriría si en una Ley se excluyese del derecho a ser electo a una persona o grupo de personas, por ejemplo, por su raza, credo, condición social o situación económica. Pero una restricción al ejercicio de un derecho individual político de una persona, que busca la preservación del principio democrático, es decir, del derecho de todo el pueblo a la democracia, prevista no en una Ley sino en la Constitución, no puede considerarse en forma alguna como discriminatoria, pues «se sustenta precisamente, en una justificación objetiva y razonable», como es asegurar que los gobernantes no se perpetúen en el poder pisoteando el derecho a la alternabilidad republicana, que el Tribunal no quiso ver.

Por último, teniendo las previsiones de los artículos 52, 64,65, 71, y de la Ley de Régimen Electoral su fundamento en lo previsto en las normas contenidas en los artículos 156, 168, 285.11 y 288 de la Constitución, que son las que establecen las restricciones a la *reelección por una sola vez de manera continua*, en forma alguna podían declarase inconstitucionales y menos, como lo expresó el Tribunal «bajo los fundamentos desarrollados en el presente fallo constitucional».

El Tribunal Constitucional Plurinacional de Bolivia, y en esto nadie puede llamarse a engaño, ignorando los principios democráticos más elementales, dictó un fallo, abusando del «control de convencionalidad», con el único propósito de asegurarle a una sola persona, el Sr. Evo Morales, la posibilidad de poder perpetuarse en el poder.

El control de convencionalidad cuando se ejerce en el ámbito interno, es para reforzar los derechos fundamentales mediante el principio de progresividad, [57] y, por supuesto, no para asegurarle a una persona indivi-

---

[57]   Véase sobre el control de convencionalidad lo que hemos expuesto en Allan R. Brewer-Carías, «El control de convencionalidad, su conceptualización y su necesario deslinde respecto del control de constitucionalidad»», en Liber Amicorum *en honor al Dr. Juan Manuel Pellerano Gómez*, Santo Domingo, República Dominicana, 2013; y «Algo más sobre

dualmente considerada, ignorando el derecho ciudadano a la democracia, que pueda reelegirse cuantas veces quiera, a pesar de estar ello prohibido en la Constitución, y lograrlo de manos de un Juez Constitucional, sin reformar la Constitución, solamente pretendiendo que aplica preferentemente la Convención Americana de Derechos Humanos, ignorando en paralelo el alcance del derecho ciudadano a la democracia[58] y por supuesto, ignorando lo dispuesto en la Carta Democrática Interamericana de septiembre de 2001.

## REFLEXIÓN FINAL

De las decisiones antes comentadas, y en particular de las adoptadas por los tribunales constitucionales de Nicaragua, Honduras y Bolivia, lo más importante a destacar es el más absoluto desconocimiento de que los derechos políticos en el mundo democrático contemporáneo han comenzado a dejar de estar reducidos a los derechos políticos individuales que generalmente se han establecido expresamente en las Constituciones, como son los clásicos derecho a elegir y a ser elegido, al desempeño de cargos públicos, a asociarse en partidos políticos y, más recientemente, a la participación política; y en la actualidad abarcan derechos políticos colectivos, del pueblo en su conjunto, como el propio derecho a la democracia, a la separación de poderes o a la alternabilidad republicana  de la alternancia en el ejercicio en el poder.

Es decir, en el mundo contemporáneo, además de los clásicos derechos políticos individuales, hoy también debe hablarse de todos los derechos políticos colectivos que se derivan de los principios del régimen democrático, es decir, derechos del pueblo a que se estructure un régimen político en el cual se garanticen sus *elementos y componentes esenciales* de la democracia, tal como fueron enumerados por la *Carta Democrática Interamericana* de la OEA 2001.

En democracia, sin duda, los ciudadanos como pueblo tienen unos derecho colectivos a todos esos elementos esenciales, que existen además de todos los otros derechos políticos individualizados, configurándose dichos derechos como derechos colectivo de todos, lo que implica por ejemplo, el derecho ciu-

---

el marco conceptual del control de convencionalidad a la luz de la jurisprudencia de la Corte Interamericana de Derechos Humanos», en Jorge Fernández Ruiz (Coordinador), *Libro homenaje a la jurista Victoria Adato Green*, Universidad Nacional Autónoma de México-Facultad de Derecho, México, 2013 pp. 67-94.

[58] Véase Allan R. Brewer-Carías, «Prólogo: Sobre el derecho a la democracia y el control del poder», al libro de Asdrúbal Aguiar, *El derecho a la democracia. La democracia en el derecho y la jurisprudencia interamericanos. La libertad de expresión, piedra angular de la democracia*, Editorial Jurídica Venezolana, Caracas 2008, pp. 19 ss.; «Sobre las nuevas tendencias del derecho constitucional: del reconocimiento del derecho a la Constitución y del derecho a la democracia», en *VNIVERSITAS, Revista de Ciencias Jurídicas (Homenaje a Luis Carlos Galán Sarmiento)*, Pontificia Universidad Javeriana, facultad de Ciencias Jurídicas, No. 119, Bogotá 2009, pp. 93-111; y «Algo sobre las nuevas tendencias del derecho constitucional: el reconocimiento del derecho a la constitución y del derecho a la democracia», en Sergio J. Cuarezma Terán y Rafael Luciano Pichardo (Directores), *Nuevas tendencias del derecho constitucional y el derecho procesal constitucional*, Instituto de Estudios e Investigación Jurídica (INEJ), Managua 2011, pp. 73-94.

dadano de carácter colectivo a la separación de poderes, al Estado de derecho, al pluralismo político y a la alternabilidad republicana, que en definitiva son todos derechos destinados a garantizar el control efectivo del ejercicio del poder por parte de los gobernantes, y a través de ellos, del Estado.

Un derecho a la democracia, por supuesto, sólo puede configurarse en un Estados con un régimen democrático y de derecho, siendo inconcebible en los Estados con regímenes autoritarios donde, precisamente, los anteriormente mencionados elementos esenciales no pueden estar garantizados por la ausencia de alternancia o de controles respecto del ejercicio del poder, aun cuando pueda tratarse de Estados en los cuales, en fraude a la Constitución y a la propia democracia, los gobiernos puedan haber tenido su origen en algún ejercicio electoral.

No hay que olvidar que «Es una experiencia eterna – como hace varias centurias lo enseñó Charles Louis de Secondat, Barón de Montesquieu- que todo hombre que tiene poder tiende a abusar de él; y lo hace, hasta que encuentra límites», de lo que dedujo su famoso postulado de que «para que no se pueda abusar del poder es necesario que por la disposición de las cosas, el poder limite al poder»[59].

De esta apreciación física fue que se derivó, precisamente, el principio y derecho colectivo del pueblo a la separación de poderes que establecieron todas las Constituciones que se formularon después de las revoluciones norteamericana y francesa, convirtiéndose no sólo en uno de los pilares fundamentales del constitucionalismo moderno, sino además, de la propia democracia tanto como régimen político como derecho ciudadano para asegurar que quienes sean electos para gobernar y ejercer el poder estatal en representación del pueblo, no abusen del mismo, ni se perpetúen en el poder.

Doscientos años después, pero con su origen en aquellos postulados, en el orden constitucional interno de los Estados democráticos de derecho es posible entonces identificar un derecho a la democracia conformado por los antes mencionados derechos a los *elementos y componentes fundamentales*, enumerados también en la misma *Carta Democrática Interamericana*, y que en una democracia, tienen el más importante y mayor valor y rango constitucional, como *normas constitucionales-principio*, entre los cuales está el derecho a la alternabilidad republicana, como derecho colectivo de todos los ciudadanos derivado del derecho a la democracia, y que tiene que prevalecer sobre el derecho individual de una persona a ser electa, de manera de evitar que se consolide el establecimiento de una suerte de «nuevas monarquías», como la que los tribunales constitucionales han querido regularizar en Nicaragua, Honduras o en Bolivia en las sentencias antes comenzadas, aplicando indebida e inapropiadamente un «control de convencionalidad» sobre las propias

---

[59]   Véase Charles Louis de Secondat, Barón de Montesquieu, *De l'Espirit des Lois* I, (ed. G. Tunc), Paris 1949, Libro XI, Cap. IV, PP 162-163.

normas de la Constitución, pero ignorando las previsiones de la carta democrática Interamericana.

Y además, pretendiendo argumentar que el derecho a elegir y ser electo da origen a un supuesto «derecho a la reelección», que como bien lo argumentó la Comisión de Venecia, el «análisis de los tratados internacionales, las constituciones nacionales y las decisiones judiciales muestra que la reelección no se concibe como un derecho humano».[60]

En consecuencia, se puede concluir, primero, que *la reelección presidencial indefinida no es un derecho humano protegido por la Convención Americana de Derechos Humanos*, no resultando contrarias al artículo 23 de la Convención las regulaciones que en las Constituciones limitan o prohíben la reelección presidencial, particularmente, cuando se tiene en cuenta lo que la propia Convención Americana, en su artículo 32.2 referido a la «correlación entre deberes y derechos», dispone en el sentido de que «los derechos de cada persona están limitados por los derechos de los demás, por la seguridad de todos y por las justas exigencias del bien común, en una sociedad democrática».

Ello significa que el derecho político individual que una persona pueda tener a ser electo o a votar, está limitado por el derecho político colectivo a la democracia y, en particular, por el derecho colectivo a la alternabilidad republicana que es el que en ese balance responde a las exigencias del bien común en una sociedad democrática.

---

[60]  Véase Comisión Europea para la democracia a través del derecho (Comisión De Venecia), *Informe sobre los límites a la reelección Parte I – Presidentes*, Aprobado por la Comisión de Venecia en su 114ª Sesión Plenaria (Venecia, 16 y 17 de marzo de 2018), Estrasburgo 20 de marzo de 10'6, Estudio No 908/2017, Par. 81, 86.

# APÉNDICE

## LA REELECCIÓN PRESIDENCIAL INDEFINIDA ES CONTRARIA A LA CONVENCIÓN AMERICANA DE DERECHOS HUMANOS Y A LA CARTA DEMOCRÁTICA INTERAMERICANA

"Resumen Oficial" de la Opinión Consultiva No. 28 de la Corte Interamericana de Derechos Humanos de fecha 7 de junio de 2021 en respuesta a la consulta realizada por la República de Colombia sobre «la figura de la reelección presidencial indefinida en el contexto del Sistema Interamericano de Derechos Humanos»

San José, Costa Rica, 13 de agosto de 2021.- El 7 de junio de 2021 la Corte Interamericana de Derechos Humanos emitió una Opinión Consultiva en respuesta a la consulta realizada por la República de Colombia sobre «la figura de la reelección presidencial indefinida en el contexto del Sistema Interamericano de Derechos Humanos».

Puede encontrar el texto íntegro de la Opinión Consultiva aquí y el resumen oficial aquí.

En particular, la Corte se pronunció sobre lo siguiente:

a) ¿Es la reelección presidencial indefinida un derecho humano protegido por la Convención Americana sobre Derechos Humanos? En este sentido, 2) ¿Resultan contrarias al artículo 23 de la Convención Americana sobre Derechos Humanos las regulaciones que limitan o prohíben la reelección presidencial, ya sea por restringir los derechos políticos del gobernante que busca ser reelegido o por restringir los derechos políticos de los votantes? O, por el contrario, 3) ¿Es la limitación o prohibición de la reelección presidencial una restricción de los derechos políticos que resulta acorde a los principios de legalidad, necesidad y proporcionalidad, de conformidad con la jurisprudencia de la Corte Interamericana de Derechos Humanos en la materia?

b) ¿Es la reelección presidencial indefinida compatible con la existencia de la democracia representativa en el sistema interamericano de protección de derechos humanos?

Para efectos de la Opinión Consultiva, la Corte definió la reelección presidencial indefinida como «la permanencia en el cargo de la persona que

121

ejerza la Presidencia de la República por más de dos períodos consecutivos de duración razonable» sin que dicha duración pueda «ser modificada durante la vigencia del mandato». El Tribunal además aclaró que las consideraciones realizadas en la presente Opinión Consultiva se circunscriben a la posibilidad de reelección presidencial indefinida en un sistema presidencial.

Asimismo, la Corte reiteró que la interdependencia entre democracia, Estado de Derecho y protección de los derechos humanos es la base de todo el sistema del que la Convención forma parte y consideró que los principios de la democracia representativa incluyen, además de la periodicidad de las elecciones y el pluralismo político, las obligaciones de evitar que una persona se perpetúe en el poder, y de garantizar la alternancia en el poder y la separación de poderes.

En primer lugar, la Corte concluyó que la reelEcción presidencial indefinida no es un derecho humano autónomo, pues no cuenta con reconocimiento normativo en la Convención ni en la Declaración Americana, y de forma general, en el corpus iuris del derecho internacional de los derechos humanos, en otros tratados internacionales, en la costumbre regional, ni en los principios generales de derecho.

En segundo lugar, la Corte señaló que la prohibición de la reelección presidencial indefinida puede ser compatible con la Convención, siempre que esté establecida en la ley. Al respecto, el Tribunal explicó que la prohibición de la reelección presidencial indefinida busca garantizar la democracia representativa, por lo que es acorde con la Convención y, tomando en cuenta la concentración de poderes que tiene la figura del Presidente en un sistema presidencial, la restricción de la posibilidad de reelección indefinida es una medida idónea para asegurar dicha finalidad. Además, la Corte aclaró que no encontraba otras medidas igualmente idóneas para asegurar que una persona no se perpetúe en el poder y que de esta forma no resulten afectados la separación de poderes, el régimen plural de partidos y organizaciones políticas, así como la alternancia en el ejercicio del poder. Por último, la Corte señaló que la potencial afectación al derecho de la persona que ocupa el cargo de la presidencia a ser reelecta, así como la restricción que esto implica para los votantes son sacrificios menores cuando se compara con los beneficios que trae para la sociedad la prohibición de la reelección presidencial indefinida.

Por otra parte, respecto a la compatibilidad de la reelección presidencial indefinida con las normas de derechos humanos, la Corte resaltó que la falta de limitaciones a la reelección presidencial conlleva el debilitamiento de los partidos y movimientos políticos que integran la oposición, al no tener una expectativa clara sobre su posibilidad de acceder al ejercicio del poder.

A su vez, la Corte señaló que la permanencia en el poder de un presidente por un largo período de tiempo afecta la independencia y la separación de poderes, dadas las capacidades que puede tener de nombrar a miembros de otros Poderes del Estado.

Asimismo, consideró que el cargo de la Presidencia brinda a la persona que lo ocupa una posición privilegiada para la contienda electoral. Mientras mayor sea el tiempo de permanencia en el cargo, mayor será esta ventaja.

En la Opinión Consultiva, el Tribunal advirtió que el mayor peligro actual para las democracias de la región no es un rompimiento abrupto del orden constitucional, sino una erosión paulatina de las salvaguardas democráticas que pueden conducir a un régimen autoritario, incluso si este es electo mediante comicios populares.

La Corte concluyó que la habilitación de la reelección presidencial indefinida es contraria a los principios de una democracia representativa y, por ende, a las obligaciones establecidas en la Convención Americana y Declaración Americana de los Derechos y Deberes del Hombre.

El texto íntegro de la Opinión Consultiva puede consultarse en el siguiente enlace: https://www.corteidh.or.cr/docs/opiniones/seriea 28 esp.pdf. Los Jueces Patricio Pazmiño Freire y Raúl Zaffaroni dieron a conocer sus votos individuales disidentes.

En el marco del proceso, que es ampliamente participativo, se recibieron 62 observaciones escritas por parte de Estados, organismos estatales, organizaciones internacionales y nacionales, instituciones académicas, organizaciones no gubernamentales e individuos. Puede encontrar los escritos aquí. En el marco de la presente Opinión Consultiva, los días 28, 29 y 30 de septiembre de 2020 se celebró una audiencia pública de modo virtual, donde la Corte recibió las observaciones orales de 54 delegaciones. Puede acceder al video de la audiencia pública aquí.

***

La composición de la Corte para la emisión de la presente Sentencia fue la siguiente: Jueza Elizabeth Odio Benito, Presidenta (Costa Rica); Juez Patricio Pazmiño Freire, Vicepresidente; (Ecuador), Juez Eduardo Vio Grossi (Chile); Juez Humberto Antonio Sierra Porto (Colombia); Juez Eduardo Ferrer Mac-Gregor (México); Juez Eugenio Raúl Zaffaroni (Argentina) y Juez Ricardo Pérez Manrique (Uruguay).

***

El presente comunicado fue redactado por la Secretaría de la Corte Interamericana de Derechos Humanos, por lo que es de responsabilidad exclusiva de la misma.

Para mayor información favor de dirigirse a la página de la Corte Interamericana www.corteidh.or.cr o envíe un correo dirigido a Pablo Saavedra Alessandri, Secretario a corteidh@corteidh.or.cr. Para la oficina de prensa contacte a Matías Ponce a prensa@corteidh.or.cr.

Puede suscribirse a los servicios de información de la Corte aquí. Para dejar de recibir información de la Corte IDH remita un correo a comunicaciones@corteidh.or.cr. También puede seguir las actividades de la Corte en Facebook, Twitter (@CorteIDH para la cuenta en español y IACourtHR para la cuenta en inglés), Instagram, Flickr, Vimeo, YouTube, LinkedIn y SoundCloud.

DERECHO A LA DEMOCRACIA Y REELECCIÓN PRESIDENCIAL
INDEFINIDA. TRES ESTUDIOS,
de ALLAN R. BREWER-CARÍAS, se imprimió
en la República Argentina en setiembre de 2021.